厦门文学艺术人物系列专辑
厦门市文学艺术界联合会 编

舞蹈艺术家

高国庆

中国文史出版社

图书在版编目（ＣＩＰ）数据

舞蹈艺术家高国庆 / 厦门市文学艺术界联合会编.
北京 ：中国文史出版社，2025. 1. -- （厦门文学艺术人
物系列专辑）. -- ISBN 978-7-5205-5012-3

Ⅰ．K825.76
中国国家版本馆CIP数据核字第20247NN229号

责任编辑：刘华夏
小传撰稿：李向群

出版发行：**中国文史出版社**

社　　址：北京市海淀区西八里庄路69号院　　邮编：100142
电　　话：010 - 81136606　81136602　81136603　81136605（发行部）
传　　真：010 - 81136655
印　　装：厦门中天华成文化传媒有限公司
经　　销：全国新华书店
开　　本：185×260　1/16
印　　张：10. 25
字　　数：151 千字
版　　次：2025年4月北京第1版
印　　次：2025年4月第1次印刷
定　　价：90. 00元

《厦门文学艺术人物系列专辑》编委会

主　任：陈　影

副主任：王　元　陈春洋　苏　璇

委　员：李长福　刘堆来　杨景初　张立平

　　　　林丹娅　曾学文　陈　斌

《舞蹈艺术家　高国庆》编委会

策划制作：厦门文广影音有限公司

总 策 划：陈　影　钟　元

主　　编：陈元麟

主任编辑：杜杉杉　黄永成

编　　辑：黄焜杭

装帧设计：乾　羽

统　　筹：杨秀晖

总序

素有"海上花园"之称的厦门四季如春，人文荟萃。

中华人民共和国成立以来，尤其是建设经济特区以来，厦门市委、市政府一手抓经济建设，一手抓文化建设，全市文艺事业生机勃勃、硕果累累，文学、戏剧、电影、电视、音乐、舞蹈、美术、摄影、书法、曲艺及民间文艺等领域，呈现繁花似锦、姹紫嫣红的生动局面，涌现出许多优秀作家、艺术家。这些文艺界代表人物对厦门的文艺事业做出过积极贡献，产生过积极影响，为厦门文化建设注入了丰富的内涵，是不可多得的文化资源和精神财富。

为了进一步贯彻落实党的文艺方针政策，传承与发展厦门市文艺事业，推动厦门文化大发展大繁荣，厦门市文联决定编辑出版《厦门文学艺术人物系列专辑》，以音像和图文记录的方式，生动再现厦门文艺界代表人物的亮丽风采，总结他们毕生从事文艺创作的宝贵经验。

我们希望，这套系列专辑的出版发行，能让更多的人近距离、多视角地了解厦门文艺事业的发展，更亲切地感受厦门文艺界人物的无私奉献和辛勤努力。

我们相信，先人匠心独运的艺术创造将成为后人的精神资源，前辈攀登的高峰将成为后辈接力前行的起点。

江山代有才人出，我们正经历着一个伟大的时代，而伟大的时代又必然催生伟大的文学艺术作品和优秀的作家、艺术家。一切有理想有抱负的文艺工作者，都要担起时代赋予的神圣使命，更加自觉、更加主动地追求德艺双馨，更好地履行"人类灵魂工程师"的神圣职责，积极投身于高质量的厦门建设，努力创作出无愧于我们这个朝气蓬勃时代的精品力作。

《厦门文学艺术人物系列专辑》编委会

目录

第一辑　小传

4　引子

5　笛声，引着他走向艺术之路

8　当兵，幸运的机会给了他

11　立志，三个月的入伍训练

13　苦练，昼夜挥汗在练功厅

17　《格斗》，拼搏出了一片新天地

24　亮眼，散发着舞蹈表演艺术的光辉

30　转业，踏上人生之路的新节点

33　选择，走进厦门市歌舞剧团

39　助飞，奋斗在厦门小白鹭民间舞团

43　荣誉，浸透着他的心血

52　回望，还存乎无边的期许

第二辑　艺术论谈

59　试谈舞蹈演员的修养 / 高国庆

第三辑　社会评价

65　烟台游子，厦门舞人

记青年舞蹈家高国庆 / 于　平

67　拼搏成才的年轻人

记福州军区政治部文工团舞蹈演员高国庆 / 林　斌

70　舞之精灵

访省首届舞蹈电视大奖赛表演一等奖获得者高国庆 / 林燕瑜

72　高国庆：要做就做到最好 / 张薇薇

74　超越自我

记厦门市歌舞剧团舞蹈演员高国庆 / 黄秋苇

76　超越自我

记厦门市歌舞剧团一级演员高国庆 / 黄秋苇

79　　这时候要天晴啊！ / 王岩芳

81　　"文华奖"有咱烟台人

　　　　厦门小白鹭民间舞团副团长高国庆 41 年首回乡 / 刘　晋

83　　高国庆：舞蹈是一辈子的事业 / 谢晓婉

86　　评论集萃

第四辑　流金岁月

95　　流金岁月

第五辑　附录

147　　大事年表

第一辑　小传

　　高国庆，1957年6月28日（农历六月初一）出生于山东省烟台市，厦门小白鹭民间舞团原副团长、厦门艺术学校原副校长，国家一级演员，国务院政府特殊津贴获得者。

　　福建省文化艺术促进会舞蹈专业委员会副主任委员，国家艺术基金专家委员会初评委员，厦门大学艺术学院客座教授、研究生导师，福建省舞蹈家协会原副主席。曾荣获"厦门市文艺突出贡献奖""厦门市双拥模范"等荣誉称号。

引 子

　　1957年6月28日（农历六月初一），高国庆出生于胶东湾边一座美丽的海滨城市——烟台。高国庆原名高建庆，后改为高国庆。父母都是纯朴笃实的工人。

　　烟台是一座历史文化底蕴深厚的城市，7000年的白石文化给了它厚重的历史人文根基。深受儒家文化熏陶的烟台人，憨厚宽容，真诚坦率，朴实得就像一棵棵拔摆而出的红高粱。一方水土养一方人，高国庆虽然离乡已过半个世纪，但家乡的风土人情早已深深地镌刻在他的记忆中，流淌在他的血液里，影响着他的一生。

▲ 高国庆童年照

笛声，引着他走向艺术之路

▲ 高国庆全家福

1964年9月，7岁的高国庆进入烟台市芝罘区十字街小学就读小学一年级。

少年高国庆是一个十分率真的孩子，有着活泼天真的个性，在家人和左邻右舍眼中，他调皮，而且非常调皮，但绝对不是"坏孩子"。那是上小学三年级的一天，小高国庆有了两毛钱，就开始琢磨买什么。他就到百货公司逛了半天，先花了一毛四买了一根竹笛，剩下六分钱买了两个作业本。一回到家，他妈妈还差点儿揍他，说："你买个笛子干什么？"看到他手指头上还贴着橡皮胶布，更来气了，直问他："这是干什么？"高国庆告诉妈妈，这是卖笛子的人帮我缠的，他在高国庆手指头上贴了橡皮胶布、做了标记，以便让高国庆的各个手指和笛子的手指按孔相对应。妈妈听了高国庆煞有介事的介绍，也不生气了。从那时候开始，高国庆就开始学吹笛子。

1969年，高国庆转学到烟台市解放路小学（现为烟台市养正小学）。课外时间、放学回家，他总放不下心爱的竹笛，吹笛子成了他的兴趣。他的特长被老师发现，进了学校小乐队。

1971年，高国庆14岁那年，有一个机会来到他的身边：中国人民解放军济南部队前卫文工团进行"特招"。高国庆高高兴兴地去应考了。想不到，考官听了他的笛子演奏后，给这位信心满满的小考生泼了冷水："吹

▲ 1972年，烟台第十中学宣传队合影（高国庆：二排右三）

笛子，还不太行；唱京剧嘛，你的嗓子正处在变声期，还不稳定，也不行。"高国庆悻悻离开了考场。这时他发现，考场旁有一个套房门开着，里面有几位应考者正在下腰、下叉，他就随口问了一句："这是干什么的呀？"就这一问，按高国庆的话说，"真是一句话改变了人生"。一位姓张的考官告诉他，这里是考跳舞的。高国庆说了一句："我腰腿肯定比他们好，不过嘛，跳舞我不会。"考官一听乐了："不会？你会做广播体操吗？"高国庆又按考官要求，做了几个下腰、下叉动作。这些腿腰的基本动作下腰、下叉、压腿什么的，他都会。高国庆记得，那是有一天看了电影芭蕾舞剧《红色娘子军》，他被电影里高超的舞蹈技巧给吸引了，心里就开始琢磨："还有这么美的艺术！有朝一日，我也要成为舞蹈演员。"第二天一早，他就开始行动，压腿、下腰，海边成了他的练功场。想不到这回派上了用场，果然应了一句名言："机遇，总是垂青于有准备的人。"

高国庆还沉浸在即将入伍当兵学跳舞的兴奋之中，却被突如其来的消息打蒙了头，当时前卫文工团已确定的文艺兵源共8人，不知什么原因，都没入伍。

当兵，幸运的机会给了他

幸运的转机，终于降临在高国庆的面前。

1970年，面对前锋文工团大批老同志复员转业，专业人员严重缺失的困境，福州军区党委决定组建福州军区政治部文工团，陆续调回部分老同志和业务骨干，1970年到1978年，先后赴山东、辽宁、江浙地区招收新生力量。部队的各级文工团对社会上的文艺青少年有着极大的吸引力，那时很多会唱歌、跳舞、拉乐器甚至会翻跟头的中学生，都被特招入伍当上了令人羡慕的文艺兵。

1972年2月，中国人民解放军福州军区政治部文工团来到烟台招收文艺兵。这时，高国庆还在烟台十中上学，那天学校文艺队正在排舞蹈《洗衣歌》，高国庆在乐队里吹着笛子。排练间隙，进来了一位身着解放军军装、个头不儿高的女军官张雅琴，一进来，就问："谁叫高国庆？"此时站起来的高国庆手里拿着笛子，说："是我。"张雅琴说："你怎么吹笛子？"高国庆说："我一直吹笛子啊。"张雅琴接着问："不久前，你是不是考过'前卫'？考过舞蹈吗？"接下来，张雅琴让高国庆做舞蹈动作："你这样，你下一个叉，我看看，对了，你下一个腰。嗯嗯，你接下来，再下个叉吧。"

这一天的到来，着实给了高国庆一颗定心丸。当天晚上8点，按照张雅琴老师的指引，高国庆来到当时叫作"火线指挥部"的地方。当时招收单位福州军区政治部文工团男中音歌唱演员潘德寿老师也在现场。对着高国庆、张雅琴老师说："我来教你个'云手'。"高国庆说："我根本就不会，没跳过舞。"在一旁的潘德寿老师急了，说："我这个大老头我都会做，你还不会做？"高国庆说："我也从来没跳过舞啊。"但他还是马上模仿着，做了"云手"动作。一做完，张雅琴老师一看"条件挺好的"。她对着当时在场的福州军区政治部文工团高振海团长点点头，再转过身对高国庆说："这样哈，你回家问问你爸你妈，让不让你去？当兵、当文艺兵，到福州去。同意了，我下个月就把你带走。"

回到家里，高国庆把这事告诉父母亲。母亲同意，可父亲不同意。连续做了几天工作，父亲终于松口。

当高国庆如愿以偿地踏上开往福州的列车时，兴奋得连跟父母亲好好告别都忘了。

1972年3月，高国庆正式加入中国人民解放军文艺兵行列；4月，进入福州军区政治部文工团学员队。

▲ 高国庆入伍通知书

有一段趣事，给入伍后的高国庆留下一段特别的记忆。那是参军三年后的一天，他回到烟台探亲。走在老家烟台市二马路上，忽然一位民警喊住了他，还用双臂摁着他："三年了，我都没找到你这个调皮蛋，你跑哪儿去了？嗯？还从哪儿弄了身军装？"高国庆告诉他："叔叔，我当兵了，不信你看，这是我的军人证。"于是，他向那位民警递上一本两页的军人证。那位民警一看："哇，你这调皮孩子真是有出息了，难怪我三年没见到你，哇！还是文艺兵，有点儿了不起！确实了不起！"

▲ 1972年，福州军区政治部文工团学员队合影（高国庆：三排左二）

立志，三个月的入伍训练

　　福州军区政治部文工团学员队的学员们来自祖国各地，这批"娃娃兵"年纪最大的19岁，最小的12岁。学员队的"娃娃兵"一报到，就按照不同的专业分成舞蹈队、戏剧队，还有乐队三个小组。

　　高国庆记得刚进学员队，第一次集合，教官老师就说："你们谁带钱了？"高国庆说他带了5块钱，教官老师一听："拿过来啊，我帮你存着。"这就是军营的特点，教你学会艰苦朴素，从点滴小事做起，在部队严格的规范中，开始淬炼性格、磨炼行为。如今回想起来，高国庆的感想就是："那个时候，我们确实也花不了什么钱，家里的钱和战士津贴就只能花一两毛钱，买一点儿邮票啊，买个信纸信封，买个牙膏牙刷。就这样，一个月用不了多少，用不完就不用，就省下来，存起来。这就是走进军营受到的最初级、最真切的教育。"

　　三个月的入伍训练有序进行，高国庆和战友们接受了完整的军事训练、军事教育，一个懵懂少年与红星帽徽、红旗领章和一身绿军装终于庄重"合体"。但对高国庆来说，这才是当兵、当文艺兵的开始。

▲ 高国庆与恩师冯奕中合影（高国庆：右）

　　学员队舞蹈队的第一堂课高国庆记忆犹新。北京舞蹈学院毕业的教官、舞蹈老师冯奕中负责舞蹈队男班教育教学，张雅琴老师负责女班的教育教学。高国庆印象中，上课第一天，教的就是"把杆"，双手扶把，练芭蕾，双腿夹住一张纸，站45分钟。"那么无聊。"高国庆心里暗自琢磨着。第二天，高国庆来劲了，因为冯老师要看看大家上毯子功课"翻跟斗"。"翻跟斗"可是高国庆的"强项"。他告诉冯老师："我觉得我的条件挺好的，我柔软度挺好，腰也挺好，腿也挺好啊。"冯老师说："我也看出来了，那你得好好练，这是基础，是基本功啊！"

　　扎实的基本功是一位舞蹈演员不可或缺的本领，同时也是强大心理素质的体现。刚进学员队的高国庆就暗暗立下志向，15岁，正如朝阳喷薄，一定要在练功厅上乍现辉光，踏上庄严的舞台。

苦练，昼夜挥汗在练功厅

一股山东人的豪气，一腔青春热血，练功厅，成了高国庆不二的选择和起点。时至今日，一谈起当年的福州军区政治部文工团舞蹈队的练功厅，他的双眸总会漾起兴奋的亮光。

福州地貌在东南沿海有点特殊，属典型的河口盆地，盆地四周被崇山峻岭环抱，冬不暖、夏不凉。若说夏天的福州就是火炉，一点儿都不为过，高国庆和小战友们从来到福州的第一天起，就必须用毅力和勇气去突破这自然界的限制。

高国庆回忆起了当年训练的真实片段：

福州的气温真的是太高了，38度、40度。几天下来，除了脚掌和手掌，浑身都长满了痱子，想动一下都很难受，一动，就跟针扎一样的。那时候，真的是太辛苦了，太累了。不过，那时候无论男班还是女班，学员们就是一个心眼、一股劲——练功！刻苦地练功！

想起当年进入学员队的练功细节，高国庆披露了其中一段秘辛："你别看我们这些'娃娃兵'有时调皮捣蛋，什么晚上出去抓青蛙呀，上房顶掏鸟窝呀，都干过。但是，白天我们练功绝对非常刻苦。那种刻苦的程度，曾经到了不可想象的地步。在我记忆里，我们那时候练功，苦练到什么地步呢？就是去小便的时候，发现尿都跟酱油一样。我想了想也就算了，应该是训练时水喝少了，反正我是从来都喝自来水的，练完就喝，喝完就跑进练功房，接着练。有几个同队的战友也出现这样的状况，送到军区医院，军区门诊部军医一看，就说：'啊，你们这些小家伙不能再练了，你这个太恐怖了，都是血呀，这是怎么搞的？'后来，我们从医生嘴里才知道，这就是运动强度过大，引起毛细血管破裂，以致严重尿血。"

　　高强度的训练，是对少年高国庆的严峻考验，日复一日的训练课程，打磨着理想起飞的印迹，训练厅里的每一天，高国庆最想得到的就是冯老师的赞许加鼓励。那时候，高国庆有过两次难以忘怀的"小操"，还有"小操"后的两次暗自流泪，可真是毕生难忘。

　　第一次，一天下了训练课，冯老师通知班上11个男学员："今天大家都不要再练，让高国庆一个人练，大家看。"高国庆不明白是什么意思，心里还想，是表扬，还是批评？全队集合后，冯老师说："高国庆，你的动作练完了，就坐在中间，十个男学员围成一圈，围着你，大家来看看，看看你是怎么练的。"接下来冯老师直接对高国庆的练习科目一五一十进行点评，男学员们你一言我一语对着高国庆"万炮齐发"。"你再去练！"冯老师说。这下子，高国庆实在有点儿挂不住了，跑到练功厅后的猪圈旁，痛哭流涕，憋屈的眼泪吧嗒吧嗒往下掉，伤心得很。高国庆咬咬牙："我每天早上两点就开始练！"他每天凌晨两三点就偷偷地起床，一口气练到天亮。晚上睡觉练，坐汽车也练。练腹肌、练背肌，哪个部位的力量不够，他就专练哪个部位。

　　第二次，是一个"同场景"。过了一段时间，下训练课了，11位男学员又被留下来原地坐下，高国庆和其他学员面面相觑。"来，高国庆你再一个人练。"冯老师说。高国庆心里嘀咕："可能又要挨剋了，我这样苦练，都练了半年了，今天怎么又是这样的场景、这样的架势？这又是怎么啦？我又坐在这圈子中间？"各位队员又像半年前一样，你一言我一语，对着高国庆"开火"了。这时，看看高国庆，再看看其他学员，冯老师极为严肃地说："你们都练完啦。你们都这么练啊练，都不如高国庆！"这下子，高国庆快憋不住了，下了课，他又跑到猪圈旁，泪流满面。

　　可就这一来二回同样的场景，高国庆悟出了冯老师的用意。"响鼓得用重锤敲""宝剑锋从磨砺出"，冯老师就是以这样的良苦用心打磨着学员们的意志，因为，冯老师期待未来的他们能如宝剑般闪亮出鞘，闪现出彩的剑光。多年来，高国庆经常给冯老师送去问候，冯师母会悄悄地告诉高国庆："你可知道，你冯老师总是说还是你高国庆最刻苦。"这可是一点儿也没错，高国庆就是"打鸣的鸡"，人家闻鸡起舞，他凌晨起床练功，天天如此，从不存懈怠之心。

自我鞭策的千金一诺，高国庆就这样每每将原来的训练计划又加上一码。高国庆记得，那时他写信告诉妈妈，要她到烟台的北极星钟表集团买个手表，他妈妈想尽办法弄了个可以便宜一点儿买手表的指标，寄到学员队给他，就为让他能够盯紧时间，准时提早进练功厅。可这一想法，在学员队里曝光了，队里开会时还有学员说："这个是资产阶级生活方式，不能戴手表啊。"既然不允许戴，高国庆只好忍痛割爱，把手表寄回烟台，还给妈妈。手表寄回去了，就怕一大早起不来，那怎么办？偶然一个机会，碰到一个侦察兵，他告诉高国庆："我告诉你两点在哪儿，北斗星的那个勺把到了那个位置，就是半夜两点。"

对于练功厅，高国庆把它当作士兵的战场，当作通向成功的大道，在他眼里，这条大道并不是幻想中的坦途，而是一条需要匍匐前进，需要跨沟过坎，需要经风沐雨的人生之路。在这里的每一天，都要以严肃的心理定位，以严谨的训练心态，一丝不苟完成每一训练科目，以艰苦奋斗的精神，把青春的汗水向这训练厅毫不吝啬倾注。当时的练功厅，开电风扇是有限制的，仅有的几支吊扇，上课、训练时是不许开的。高国庆刚进学员队时还没电风扇，一直到20世纪80年代初，前锋文工团盖了三间练功厅、排练厅，条件才好起来了。配有电风扇，但是还没有空调，就只能苦练加巧练。练功时的高国庆，只要一歇下来，就咣咣咣咣喝完一大壶水，接着就睡觉。要说咣咣咣咣地喝水，对高国庆来说，也是有着鲜为人知的目的，为的就是憋尿，一憋醒，他就又开始练功。训练下操，他就穿着灯笼裤、练功服，往床上一躺，蚊帐一放，也不脱衣服，呼噜呼噜就进入短暂却甜美的梦乡。正是长身体的时候，高国庆也特别爱睡觉，一醒过来，还没到点儿，又躺下了，又不敢真入睡。凌晨两点醒了，起来了，就领着营地里两条狗，在福州的大街上跑半小时，两点半准时进入练功厅。为了压脚背，高国庆坐车的时候，在军车上也踮半个脚尖，开会时坐着也还在压。就说练下腰这个基本功，他躺在床铺上，把下半身放在外面，这样躺着睡着了，隔天起床，差一点儿起不来，还得让战友们"搬"，才能起身。要说练功的"认死理"，高国庆可是一点儿都不含糊，就说练"小跳"，他记得，在操场上，他把小挂钟往树上一挂，半个小时，不停歇，就来个三千次。这不管是在当时还是在现在，创下的都绝对是军队文艺兵、舞蹈演员，或是专业舞蹈演员的基本功训练的纪录。

在高国庆的舞蹈演员生涯中，马幼年老师给他留下的记忆是难以忘怀的。马老师的毯子功的水平是很高的，也因训练受伤留下残疾，可他对高国庆的训练是十分严格的，高国庆在敬重他的同时，更是完全按照他要求一丝不苟地去完成一次次空翻。跟着马老师学习的那些日子，高国庆天天凌晨两点开始练功，4点钟就去敲马老师宿舍的窗子，马老师也已起床等着敲窗子。这让高国庆感到，当学员不易，当老师也不易啊！

同时，在那刻苦训练的日子里，还有着来自家人的牵挂。1973年，他妈妈来到学员队，看到训练中挥汗如雨的高国庆，看到训练留在他手脚上的瘀青红肿，不免心疼。确实如此，当时部队文艺团体曾经聘请过地方上的老艺人，学员队就有关老师和吴老师两位。训练时老艺人要求严格，下手也狠，打起来也不留情。看着高国庆身上挨打的印迹，妈妈悄悄告诉他："儿子，我们回去吧，别练了。"高国庆告诉妈妈："我就要在这里，让我在这里继续练、天天练！我是劳动人民的孩子，我能吃苦，没有优越感。只有一个心愿，我要尽快、尽早进入演员队。你和爸爸尽管放心好了！"

在学员队的日子里，高国庆曾在日记里写道："我不知道舞蹈这么辛苦，如果我知道舞蹈这么辛苦的话，我肯定不搞这个。既然已经选择了舞蹈，我就必须要坚持到底。"他就是这样鞭策自己，鼓励自己，一直坚持到学员队毕业。走出学员队，高国庆成绩名列全队第一。

《格斗》，拼搏出了一片新天地

1974年1月对于高国庆来说，有着不凡的意义。17岁的他，走出中国人民解放军福州军区政治部文工团学员队，正式进入福州军区政治部文工团舞蹈队，成为一名正式的演员队队员。是的，高国庆的汗水没有白流，提前半年就结束了学员队生活，开始以健美、刚劲、挺拔、英武的战士形象出现在舞台上。

舞蹈队的演员队有10名男演员，队领导是一位解放军艺术学院毕业的老演员，带着全队演员训练和排练，没有演出任务也坚持天天练功。当时广州部队文工团有位来福建体验生活的舞蹈编导，也和演员队一起练功。过了一段时间，这位编导直言："你们体力太好了，'大跳'一下子就来50个。我练不过你们，也耗不过你们。你们这批年轻演员这么苦练、这么拼，将来一定很有出息。"

在默默的期待中，高国庆终于迎来了正式登上舞台的那一天。福州军区政治部文工团带着歌舞剧《雪山战歌》，前往江西鹰潭慰问解放军测绘大队，高国庆在剧中出演的是群众角色。首次参加演出，他得年年月月餐风露宿、为国家测绘事业奋斗的官兵的热烈掌声，还受到福州军区陈再道副司令员的接见。

有一个机会悄悄向高国庆走来，这个机会为他拓展了一个新的空间，丰富了他对艺术领域的探索经验。1974年，高国庆被选中参加珠江电影制片厂《蓝天防线》的拍摄。导演、著名电影演员张良来福州军区政治部文工团挑选演员，高国庆被选中，当天晚上就被剧组带到平潭岛去出外景。可这电影剧组拍摄工作进展不顺利，老是搁置，镜头拍不了，急坏了高国庆，因为他无法坚持每天必做的练功的作业。"拳不离手，曲不离口"，这不仅是艺术工作者自身基本素质保障之需，更是艺术工作者事业发展坚实的基础。在平潭拍摄的日子里，高国庆天天坚持一大早就到平潭县招待所的天台上去练功，因陋就简，却也筋骨舒展，神清气爽，极力地保持着舞蹈演员的气质。团里正在排练舞剧《沂蒙颂》的消息传到高国庆的耳中，他实在坐不住了，立即向《蓝天防线》剧组提出要求，要马上赶回团里参加排练，因为他特别想参加《沂蒙颂》的排练。于是，他在招待所宿舍里留了一封信，便从平潭坐摆渡船回到福州。一回演员队，他向周少三编导报到，要回"本行"跳舞，可《蓝天防线》剧组一追追到了文工团。最后还是团长出面婉拒了《蓝天防线》剧组。团长告诉剧组："别让他拍了，你们拍了半年就没拍几个镜头，还是让他回来吧。"《蓝天防线》剧组后来找到他的战友、话剧队的朱时茂，让他进剧组拍片子去了。

▲《蓝天防线》剧照（高国庆：左）

1974年和1975年两年，高国庆在舞蹈队演了不少角色，跳的大多是群众角儿，跑跑龙套，没上节目时，搬布景、装台，什么活都学着干。

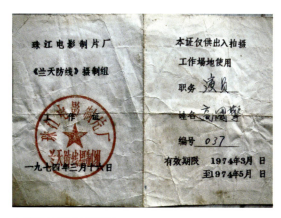

▲ 珠江电影制片厂演员证

那是1975年的夏天，一个机会与高国庆不期而遇，文工团舞蹈队的导演看了基层战士演出队演出的一个小话剧《三场格斗》。编导周少三、李华对基层部队的节目进行艺术性的拆分，从中提炼出可供舞蹈进行再创作的舞蹈语汇和精彩元素，构思出了双人舞的架构，同时，导演也将目光对准了演员的人选，高国庆以他的聪颖和机灵，进入了他的视野，而且很快地，高国庆被确定为双人舞中的"小战士"，导演李华则担纲出演"大战士"。那一年，高国庆18岁。

1975年7月份开始，《格斗》进入编排阶段。编排阶段是一边编舞一边排练，整个编舞的创作过程都是动作设计和实践过程密切配合，循序推进。《格斗》这个舞蹈节目有着非同一般的体能强度，12分钟半的节目时长，完全是体力与舞蹈技巧的融合，是军人风采的强势展示。《格斗》排练是一个不断摸索的过程，在高国庆看来，动作的不断调整是家常便饭，白天刚学会、确定下来的动作，到了晚上12点，可能就得重新再来。导演把他叫醒，重新做动作的设计调整，经常歇下时已是凌晨4点。高国庆深知，为了舞蹈《格斗》能够充分表现军人的斗志和风采，导演精益求精的

▲ 在部队体验生活创作排练中

19

构思与动作设计需要不断磨合出新，以使节目达到内容和舞蹈艺术表现形式的最完美统一。就这样，《格斗》排到11月才基本定型，整个节目从结构到动作设计完成，准备参加全国第一届舞蹈（独舞、双人舞、三人舞）调演。

回想起《格斗》的创作过程，让高国庆最难以忘怀、最受教育、体会最深的是体验生活。《格斗》节目组的体验生活是下连当兵，那时候，他们节目组来到连江县琯头镇的两栖侦察连。高国庆和《格斗》节目组寻觅着舞蹈《格斗》的生活训练和实战的艺术化、艺术性创作的底蕴。高国庆和侦察连的战士摸爬滚打在一起，一起练功，手打沙袋，打得鲜血直流，实战摔打，身子摔得快散了架，咬着牙根，掌握了侦察兵"踢、打、滚、扑、擒、跳、挡、抓、拧、摔"等基本军事动作。有了这最基本的原始积累与切身体验，演员们从中演绎出了舞蹈《格斗》中"旋子360""托飞脚旋空转"和"摔包"等技术动作。有时一天下来，鼻青脸肿得着实难受，可这难受之中，又让高国庆和《格斗》节目组的每位演员领悟到前线军人的精神和情怀，寻觅到舞蹈艺术表演的"根基"和"源泉"。

1976年1月，带着福州军区政治部文工团战友们的期待，双人舞《格斗》《炮火下的红领巾》《共同心愿》等三个节目进京参加全国舞蹈调演。高国庆在飞机座位上都还在琢磨着表演细节，调适着即将到来的演

▲ 1975年，连江琯头两栖侦察连体验生活（高国庆：右一）

▲ 1975年，连江琯头两栖侦察连体验生活（高国庆：右一）

出的情绪，思忖着如何去面对这前所未有的舞蹈艺术界的盛会，怎样以最佳的状态去面对自己艺术人生的第一次挑战。

当年的调演受到全国艺术者，尤其是舞蹈工作者们的瞩目。1976年2月26日《北京日报》第一版以《全国舞蹈调演胜利结束》为题，做了报道："来自全国各省、市、自治区以及中央国家机关有关部委和人民解放军各军区的51个专

▲ 1976年，高国庆奔赴北京时的机票

业、业余演出队，演出了近年来创作的262个小型舞蹈节目。"

19岁的高国庆和福州军区政治部文工团舞蹈队的战友们就这样踏上了万众翘首以待的全国性舞蹈调演舞台，果不其然，呕心沥血捧托而出的舞蹈《格斗》一炮打响，铁道兵剧场，与解放军总政治部文工团、昆明军区政治部文工团和福州军区政治部文工团演出的舞蹈节目，同台竞技。走台一结束，高国庆就被好多不相识的同行围上了。他记得问得最多的问题就是："小伙子，你练了几年了？""12分钟半，你累不累？"

舞蹈《格斗》一炮打响，一时蜚声军内外舞蹈界，《人民画报》《民族画报》《解放军画报》都刊登了双人舞《格斗》的大幅剧照，人民出版社还出版了《格斗》的小画册，从双人舞《格斗》的音乐到动作讲解，全部都做了详细的图文动作分解和文字说明。

同年"五一国际劳动节"，双人舞《格斗》奉调参加当年北京市五一游园活动的演出，并在中央电视台完成《格斗》整个节目的录像。随后参加由六省三个部队文工团表演的专题文艺晚会，在北京地区演出近一个月。《格斗》还被解放军艺术团选中，作为出访演出的节目。

▲ 1976年，在全国第一届舞蹈调演上表演《格斗》（高国庆：左）

▲ 1976年5月，参加北京市五一游园活动演出（高国庆：左一）

　　对高国庆来说，这是他首次成功的艺术实践，他和战友们从"源于生活"的素材中，寻找出了"高于生活"的出彩亮点；从平实的生活体验里，萃取出可令人得出感悟的闪光元素。

不满19岁的高国庆一举成名，成为中国舞蹈艺术界的美谈佳话。面对鲜花和掌声的肯定与赞誉，高国庆心里最明白，"罗马不是一天建成的"，他更明白"梅花香自苦寒来"的栉风沐雨，"宝剑锋从磨砺出"的铢积寸累。每当再次捧起《格斗》的剧照，他总会让思绪的浪花涌起，去翻动半个世纪前的前锋文工团的记忆。

亮眼，散发着舞蹈表演艺术的光辉

随着双人舞《格斗》的成功，高国庆的艺术之路开始了可喜的延伸。

1977年8月，20岁的高国庆参加全军第四届文艺会演，参演的舞蹈《欢腾的哨所》《朱军长的扁担》获创作奖。他参加《水》《送盐》《大渡河》等舞蹈的演出，扮演过不同性格的许多角色。他很平实地和战友们一起投身舞蹈事业，努力拓展自己的舞蹈艺术事业视野，以一个个不同角色的艺术实践，不断吸收多门类艺术的精华，散发着舞蹈表演艺术的光辉。

▲ 1977年8月，全军第四届文艺演表演《欢腾的哨所》

1979年2月，高国庆随中央慰问团第七分团去西沙群岛慰问演出。给高国庆留下深刻印象的是西沙群岛的一个中间岛。这个岛上没有一棵树，只有一个房顶上的一棵草、一盏信号灯。守岛的有班长，还有12个战士。这个岛上就只长了一棵草，其他地方全都是珊瑚礁，战士们守卫小岛的条件，就这么艰苦。慰问结束，船艇就要离开中间岛，高国庆庄重地向战士们行了一个军礼，因为在海岛上，他创作排演了反映自卫反击战的三人舞《战友》。

▲ 1979年，参加中央慰问团第七分团赴西沙群岛慰问前线守岛官兵的演出，演出作品《欢腾的哨所》（高国庆：左五）

1980年，在大连举办了第一届全国舞蹈比赛。比赛项目是独舞、双人舞、三人舞，这是新中国成立以来破天荒第一次以比赛的名义进行的全国性舞蹈界的赛事。此次赛事规模盛大，组织周密，效率高，影响深远。这次比赛全国舞者云集大连，盛况空前，如沐春风春雨的参赛者，摆脱"文化大革命"中被压抑的精神状态，创作热情、表演水平空前高涨。福州军区政治部文工团舞蹈队创编了两个节目参加这次盛会，一个是《猎归》，另一个是《战友》。高国庆在《猎归》《战友》两个节目中都是主要角色。临行时，文工团教导员罗守柱叫来了高国庆："国庆啊，你们这次去大连能拿回一个三等奖，我就给你们请功。"当时，高国庆和战友们心里都没底，确实不知道全国的舞蹈水平如何。比赛结束，福州军区政治部文工团拿了音乐、服装、舞蹈五个奖，三个二等奖、两个三等奖。高国庆所主演的三人舞《战友》《猎归》获演员二等奖，创作三等奖，音乐创作和服装获二等奖。三人舞《猎归》在1982年8月应八一电影厂邀请，被拍摄成为艺术片。

▲ 左：1980年，参加第一届全国舞蹈比赛，表演《战友》（高国庆：上）
中：1980年，参加第一届全国舞蹈比赛，表演《猎归》（高国庆：上）
右：1980年，参加第一届全国舞蹈比赛，所主演的三人舞《战友》获演员二等奖

"墙里开花墙外香"，扩散效应随之而来。第一届全国舞蹈比赛结束之后，选出来的优秀节目和优秀演员组成了中国舞蹈家协会中国青年舞蹈家演出团。11月，《猎归》被演出团选中，将赴加拿大、美国进行友好演出。高国庆作为演出团6名男演员之一，飞往大洋彼岸为美洲人民展示东方的舞蹈艺术之美，这机会确实来之不易呀！

1981年2月，中国舞蹈家协会中国青年舞蹈家演出团应邀出访加拿大、美国演出近50天，演出团全团共六男六女，12名演员。演出团每场演出都受到了当地观众，尤其是青年观众的热烈欢迎。这是一次颇具开拓性意义的艺术之旅，将优秀的中华舞蹈文化艺术向美国、加拿大人民进行展

▲ 代表团于温哥华陈淑华舞蹈学校校长家里留影纪念（高国庆：二排正中）

▲ 1981年2月，中国舞蹈家协会中国青年舞蹈家演出团应邀出访加拿大、美国演出近50天，演出受到了热烈欢迎

示，将中国青年的青春活力展现在大洋彼岸。同年，高国庆荣立三等功一次，并受到团嘉奖。

1983年5月23日，26岁的高国庆光荣地加入中国共产党。这一年，他完成小舞剧《心灵》《军校之歌》《花儿为什么这样红》和《讨小海》等舞蹈作品的排练与演出，并在《心灵》《军校之歌》中担任主要演员。同年7月，高国庆到中国人民解放军总政歌舞团学习，后到上海歌剧舞剧院学习，还在北京参加中国

▲ 1981年，高国庆荣立三等功一次，并受到团嘉奖

▲ 上左：《心灵》剧照
上右：《讨小海》剧照
中左：《军校之歌》剧照
中右：1983年，在北京参加中国舞协组织的现代舞大师班学习（高国庆：右二）
下左：1983年，现代舞大师班汇报后谢幕照（高国庆：左二）

舞协组织的现代舞大师班学习。

1984年7月，高国庆被提拔为福州军区政治部文工团舞蹈队副队长。舞蹈艺术探寻之路，在他脚下一步一个脚印走了过来，走得是坚实的、稳稳的，而且还是华丽的。

　　参加中国舞蹈家协会中国青年舞蹈家演出团出访美国、加拿大回国后，高国庆暗下决心："决不能在通向艺术高峰的半山腰歇脚！"就是在和新婚的妻子回山东度蜜月的日子里，他也忘不了练功厅里那锃亮的把杆。那时，他一回到烟台的家，第一件事就是找一个有把杆的地方坚持练功。为了手部表现力的体现，高国庆不知下了多少功夫，他反复重点地练习《海浪》《鸿雁》舞蹈中的每一个动作细节，手部、五指的细微形态、造型，琢磨着能够通过动作传达出情感、意念和精神特质。他买了一部录音机，录制了数百盘的舞曲和其他音乐资料，潜心研究音乐与舞蹈动作构思和设计之间的必然联系和可拓展的艺术创作空间。

　　高国庆完全把自己全身心融入舞蹈艺术的世界，在舞蹈艺术世界里，有他的多彩生活，有他的广阔境界，有他的潜心追求，他就是那么执着地走向无垠的艺术原野，不肯停歇……

转业，踏上人生之路的新节点

1985年，对于痴爱舞蹈艺术的高国庆来说，宛如梦幻一般。时隔多年，只要一提起，万分感慨悄然涌上心头，不可名状而又令人扼腕长叹。

如果用"如日中天"来形容当时身处舞蹈艺术事业望岳高地的高国庆，再恰当不过。的确，28岁的他、从艺13年的他、顶着"青年舞蹈艺术家"光环的他，此时，正面对着一个全新的，而且是意想不到的选择。

1985年，解放军全军进行精简整编。5月，福州、南京两大军区合并。这就意味着福州军区前锋文工团必须退出历史舞台了。

两大军区合并完成后，福州军区前锋文工团将有一批优秀的演职员并入南京军区前线文工团。按照文工团各个艺术门类的专业分布情况，高国庆当时想，跟南京军区两团艺术人才合并，按常理来说，是一个非常好的契机，也是个人舞蹈事业之路在不同艺术团体的条件下、环境里得到全新的延续。

然而，寻寻觅觅间，得到的和汇总来的信息实在是令人匪夷所思，新组建的南京军区文工团的舞蹈队，可能不再接收舞蹈演员。

这也就意味着高国庆必须转业了。

"走过了28年的辉煌历程，在漫漫的历史长河中留下了浓墨重彩的一笔，培育了一批又一批的文艺战士和军队艺术家，一批又一批的少男少女们在这里成长，在这里度过了他（她）们人生最重要的时期。"

"今天无论我们走到哪里，从事什么职业，都无法忘记当年在福州白马河畔、小柳村旁度过的点点滴滴……"

一段浸泡着笑意和泪光的文字十分简约，时间、地点、人物、事件，都浓缩在字里行间，这就是名扬全军文艺界的中国人民解放军福州军区前锋文工团演员们璀璨青春的写照、不能抹去的岁月留痕。

找单位，找新的工作单位，找能够继续从事舞蹈事业的地方，高国庆把转业后对职业选择的定位一降再降，给自己未知的未来职业取向，寻求一丝丝、一缕缕希望的光亮。无论是谁，身处于那样的境地，无不是如此。

此时，前锋文工团还在鼓着劲创编节目，作品还在一个一个出。高国庆跟团领导还说，他想去跳新编的节目，团领导说，你还是跳那个小舞剧《心灵》吧。其实那个时候得到的信息就是前锋文工团就要解散了，但是，在那个时候，高国庆感到全团的业务氛围还是非常浓，创作热情还保持着很不错的状态，作品的创作不断档，还挺多的。

在寻找未来去向的日子里，对高国庆来说，无疑是一种心理焦虑，他想找寻的机会是能够延伸舞蹈艺术之路，理想的落点是有一个能够延续舞蹈艺术生命的新起点。对于孜孜以求舞蹈艺术价值的高国庆来说，这绝对不是奢求，只是那个时候的他，完全不由自主，无法决定自己的迈步方向，也许仅能背负着往日的辉煌，靠着自己的微薄之力，怀揣着各地纷至沓来的诚邀加盟的函件，踏上对他来说陌生的求职路。于是，他下了决心，出去走走看看，为自己的事业发展探探路。

他尝试着来到南京市歌舞团，那年，南京市歌舞团正在排练大型舞剧《郑和下西洋》，导演是上海的著名舞蹈编导李忠林。一到南京市歌舞团，看了高国庆的基本功和考核了他的专业特色，副团长和李忠林导演就在当天下午的全团大会上宣布："现在公布《郑和下西洋》主要角色郑和，由高国庆同志担纲主演！"这是一个小轰动。当时高国庆告诉副团长和导演："你别让我演这个了，我个头儿不够。你们找那个形象、个头儿更好更高一点儿的，那才好啊！"怎么也推不掉，高国庆服从安排，客串了《郑和下西洋》主角郑和，排练了四天。到这会儿，关键来了，如何调进南京市歌舞团，文化局长和高国庆来到军转办。军转办工作人员的回答是："你是山东的，应该回山东吧？你干吗跑这来，你拿的是省长批的条子，喏，你看这也是省长批的条子，这有一沓呢。"一看没希望，高国庆转头就走。

他也到过浙江省歌舞团，接待他的浙江省歌舞团长一进门就给了热情的招呼："兄弟，你是国庆吗？"高国庆说："我怎么不认识你？"团长说："哎，我1976年还跟你学过《格斗》啊！你不用考了。"热情归热情，到了关键当口，还是没有下文。

曾有一个机会，也让高国庆感到是个好机会，那就是参与组建珠海歌舞团。著名舞蹈艺术家赵青邀请高国庆等三位当时国内出类拔萃和崭露头角的舞蹈界精英新秀，筹组新模式的舞蹈艺术团。全新的组团理念，未知的经营模式，确实让从军14年的军队文艺骨干高国庆得到很多启发，可这样的尝试是否能够进行舞蹈艺术的突破？既然"不好玩"，高国庆选择了不再参与。

这一年，1985年，高国庆和妻子，也是前锋文工团舞蹈队的战友安鲁萍生下了他们爱情的结晶，他们回到了山东烟台老家。烟台市歌舞团、山东省歌舞团也将橄榄枝投向他们。

寻求再次就业，飘忽不定的日子里，高国庆又有了一次难得的属于自己挚爱的舞蹈专业的展示机会。1986年，29岁的高国庆应中国人民解放军空军政治部文工团邀请，参加双人舞《和谐》的排练。现代舞《和谐》反映粉碎"四人帮"前后的社会形态和现实，表现兄弟间矛盾转化达到和谐的题材，运用了在当时比较新潮的舞蹈形式。在全军舞蹈比赛中，高国庆获个人表演三等奖。

就在这一年，高国庆得知前锋文工团舞蹈队的编导吕蜀琴正在厦门市歌舞剧团排练《歌漫茶山》，潜意识在高国庆脑海里奔涌："这或许是我要待的地方。"于是，他马上启程，奔赴厦门。

踏上厦门的土地，高国庆深深呼吸着："这里喘口气都舒服啊！"倏然而至的感觉顷刻间充盈了他的内心，他似乎已经找到了人生新的着陆点。

选择，走进厦门市歌舞剧团

1987年1月，高国庆30岁。他以特殊人才引进的方式，以舞蹈艺术专业人才和转业军官的身份，正式调入厦门市歌舞剧团。

厦门市歌舞剧团是个科级单位，高国庆转业前已是部队正营级干部，就算转业到地方降半级，也还是个副科级，照理说，他要点科级的待遇并不过分，然而对这一切，高国庆从来不做任何考虑，因为他只有一个最朴素、最单纯的信念——扎实苦练基本功，舞台表演拿出真本事。他对自己说："我什么官儿也不要，什么干部我也不当。我就当一个演员，一个会跳舞、好好跳舞的舞蹈演员。"

20世纪80年代中后期，正是市场经济发展的初期，文艺单位的人们兴奋点并不在本专业，"下海""走穴"成了时尚。这与日日守在练功厅的高国庆，形成十分鲜明的对比。

当时厦门市歌舞剧团的条件是比较差的，尤其是练功厅的基本设施还比较简陋，卫生条件也不是很理想，这些让演员们感到难受。高国庆从进入练功厅的第一天起，就拿起扫把、拖把、抹布，从练功厅的环境改变做起。第二天一大早，他就来到练功厅，打扫完卫生，就放音乐，开始练功。高国庆在自勉、自励：一个合格的舞蹈演员要具备身体素质、心理素质和艺术素质，只有在练功厅"非一日之寒"，才能"冰冻三尺"，有了这样的原始积累，就能在关键的时候拿出手，拿出精彩，拿出绝活儿，拿到成果。

他坚持练功，天天按部就班，严格按照时间安排，把握动作要领，严谨矫正训练细节。上午10点到11点半在厦门市歌舞剧团练功厅练功，12点下了练功课，随便吃点东西，接着就骑着摩托车到曾厝垵游泳，下午两点钟游泳回来继续练，5点钟再到市群艺馆练器械，晚上7点到9点到先锋营排练。准备参加福建省第一届舞蹈比赛的前夕，练功的科目不断增加，练功的强度一直增加。他在练功厅的大镜子上写下立志奋发的词句。高强度的训练，致使他的胃出血，可他还是咬紧牙根，练！

刚装修完的练功厅，那24盏日光灯开始全都亮着，随着时间的推移，一盏一盏不亮了。看着一盏盏再也不能修好的日光灯，高国庆暗自思忖，到了这些日光灯都不亮的时候，我可能不在这练功厅练功了。高国庆1994年奉调离开厦门市歌舞剧团，还真就只剩一盏灯亮着。对着这一盏日光灯，高国庆颇为感慨，遇见和伴随，都是人生旅途上的知音。莫名的策励，也就冥冥蕴藏于其间。

高国庆代表厦门市歌舞剧团参加福建省第一届电视舞蹈大赛，他的参赛作品是独舞《魂》。为了这个作品，他苦苦打磨了一年时间。

《魂》是一个长达12分钟的舞蹈节目，考察艺术表现的同时，还是对舞蹈艺术工作者艺术修养和基本身体素质的延伸性考验。确定《魂》的立意，把握《魂》的思路，梳理《魂》的脉络，构思《魂》的结构，设计《魂》的动作，完善《魂》的创作……事无巨细，揣摩，推翻，再确立，高国庆让自己的情感与舞蹈语汇、舞蹈动作的设计应用进行高度融汇，终于打造出了一个近乎完美的精良之作。

▲ 《魂》剧照

　　高国庆善于表达人物内心，12分钟的连续独舞，以洒脱的舞姿，丰富的舞蹈语汇，高强度动作设计，层层推进地呈现了一位身受重伤的抗清义士捐躯前的内心世界。在强烈的音乐伴奏下，他闪转腾挪，英勇拼杀，砍倒了清军军旗，树起了反清义旗。

　　参赛前，有人劝30岁的高国庆急流勇退，"我相信自己有能力、有条件去拼个一等奖，我有百分之七八十的把握"。

　　还是那句老话："功夫不负有心人"，众评委为独舞《魂》打出了9.93的高分！高国庆为厦门市歌舞剧团在全省舞蹈界争得一份十分难得的表演一等奖和创作一等奖的双料荣誉。

　　1991年底，厦门经济特区建设10周年庆祝活动演出了专题文艺晚会《飞向新世纪》，这是堪称厦门文艺史上空前的一次成功尝试和壮举。这场晚会的观看者是时任中共中央总书记江泽民和应邀出席厦门经济特区10周年庆典的中外贵宾。为了这场历时90分钟的文艺晚会，半年前，厦门市歌舞剧团全团移师福州，和福建省歌舞剧院协同排练。文艺晚会《飞向新世纪》中，高国庆恰如其分地亮出了他的艺术天分，舞蹈节目中的阳刚成分在他的引领下充分得到展示，为晚会添彩多多。

▲ 1991年，舞蹈《飞向新世纪》剧照（高国庆：二排正中）

《飞向新世纪》刚刚结束没几天，高国庆接到来自福州的电话，那是福建省歌舞剧院谢南导演打来的。谢南导演告诉高国庆："我们现在要排一个舞剧，叫作《丝海箫音》，想邀请你来跳男主角。"

高国庆一听，连连摇头："我不行啊，我都35周岁啦，还是找年轻的演员吧！"之后，任由谢导几次三番盛情邀请，高国庆都不肯点头。

谢南导演和杨伟豪总导演只好搬来救兵，请省文化厅邹维之副厅长和福建省歌舞剧院张树平院长亲临厦门市歌舞剧团，做高国庆的工作。

他们在厦门艺苑酒店的茶室见了面。刚落座，邹副厅长就开门见山说道："省厅已经决定舞剧《丝海箫音》的男主角'阿海'，就由你来担任！"高国庆还想推诿，邹副厅长一脸严肃地说道："高国庆，你是共产党员吗？"一句话就让高国庆哑口无言。

邹副厅长告诉高国庆，省文化厅想通过这部舞剧的演出，艺术性地展现福建的开发史、对外交流史，以及福建人民筚路蓝缕的奋斗史。

高国庆被说动了心，他暗暗地给自己打气："拼一下！这一辈子我还没跳过舞剧。"当他得知《丝海箫音》这部舞剧的表演时间长达1小时50分钟时，吓了一跳。但就只有一瞬间的犹豫，最后还是在领导们的面前表了态："没问题，我来演！"

▲《丝海箫音》剧照

▲《丝海箫音》海报

　　到了舞剧《丝海箫音》剧组，高国庆立马走访了编剧、导演，了解剧目的创作过程，了解舞剧所表现的时代背景以及创作意图，这使他对要扮演的主要角色"阿海"的精神世界和性格特征有了更深的领悟。

　　紧张的排练生活，对于高国庆来说都不在话下，艰苦的生活环境和条件，也需用平常心忍受。宿舍极为简陋，仅4平方米，上个厕所居然要走100多米。

　　那段时间，对高国庆来说是"脱胎换骨"的日子，每天12小时的排练，一到晚上，浑身上下全不自在，每块骨头都好像脱离彼此间的密合关系，第二天又得情绪饱满、精神抖擞出现在排练场上。

　　当年前往舞剧《丝海箫音》探班的记者是这样描画那紧张热烈的排练现场的："男演员这个群体，在整个海上'丝绸之路'的旅程中，起着重要的舞蹈语汇传达的作用。为排好第二场的'与海搏击'，他们每天三班泡在舞台上，累得手脚不听使唤，食欲减退，睡不安宁，舞台上浸透着他们晶莹的汗水。"毋庸置疑，男演员群体中，作为男主角的高国庆的艰辛刻苦程度实在是"有过之而无不及"。而高国庆"恰到火候、毫无作态"的精湛表演，呈现出了舞剧《丝海箫音》最为出彩的亮点。

　　1992年11月，舞剧《丝海箫音》参加全国第一届舞剧调演，高国庆以出色的表演，荣获优秀表演奖；12月，舞剧《丝海箫音》到沈阳参加全国舞剧比赛，前所未有斩获10项大奖，当时还应邀到北京民族文化宫大剧院参加全国第一届舞剧调演汇报演出。

　　"一分耕耘一分收获"，1993年，福建省歌舞剧院演出的舞剧《丝海箫音》获"五个一工程"奖。高国庆荣获文化部第三届文华奖表演奖实现了厦门市文艺界获此殊荣"零的突破"，他也成了厦门市文艺界第一位获得文华奖的舞蹈演员。随即，福建省歌舞剧院聘请他为客座演员。

▲《丝海箫音》向福建省领导汇报演出（高国庆：二排左四）

▲ 1992年11月，《丝海箫音》参加全国第一届舞　　▲ 1993年5月，获文化部第三届文华奖表演奖
　　剧调演，获得优秀表演奖

助飞，奋斗在厦门小白鹭民间舞团

　　1994年4月，高国庆的舞蹈艺术人生又到了一个重要的转折点。厦门市文化局领导告诉高国庆："给你两个工作选择的机会，一个是派你去小白鹭民间舞团当副团长，或者到市戏曲舞蹈学校当副校长，当当老师，教教学生。"

　　这是他始料未及的大转折，舞台春秋22年，就要从"运动员"的队列中走出，当上"教练员"，还成了"裁判员"！

　　高国庆想了想，在厦门市歌舞剧团这7年间，自己不仅当演员，也教过学员，虽不是老师出身，也还是能教，肯定能教。走，到小白鹭民间舞团去！

　　局领导也十分恳切地告诉他："调你到小白鹭民间舞团，要担任主管业务的副团长，这是组织上为了发挥你的专长，让你配合小白鹭民间舞团曾若虹团长，抓好这个在全国首创的民间舞团。"

　　就这样，高国庆走进了伴他22年人生之路的厦门小白鹭民间舞团的大门。

　　"主管业务的副团长"，的确是个全新的使命，对于舞蹈演员出身的高国庆来说，是迈进舞蹈事业的一个新的领域。

　　当他踏进厦门小白鹭民间舞团的那一天，见到眼前这一群青春年少、展翅欲飞的"小白鹭"，思路仿佛一下子回到了前锋文工团舞蹈队。"那不是当年的我吗？可现在的我，就要带着他们亮翅、振翼、高飞！"一时间，高国庆有了些许兴奋，一种莫名而又清晰的冲动涌上心头。"人生能有几回搏"。这是他人生的新的起跑线，他舞蹈生命之树就要在这里萌发新枝、绽放新蕾。

　　1986年10月，以福建艺校厦门戏曲班名义与中国最高舞蹈学府合作创办的北京舞蹈学院中国民间舞专业厦门实验班开学。在校舍简陋、资金匮乏的艰苦条件下，以北京舞蹈学院为首的150多位舞蹈家为厦门班的办学呕心沥血，对"北舞厦门实验班"的定位、模式、创作和走向，都做了超前的规划设计。经过7年的舞蹈专业，尤其是中国民间舞蹈专业的学习和严格考试，23名学员全数毕业。

在文艺界有识之士的建议下，市委、市政府决定大胆创新体制，接轨国际，学习俄罗斯小白桦民间舞团的成功经验，决定以"北舞厦门实验班"为基础，创立厦门小白鹭民间舞团。1993年10月5日，这个全国首支专业的民间舞表演团体正式挂牌成立。

高国庆深知，主管业务副团长的岗位是确定的，任务是明确的，可以接触到具体的业务，那可是需要事无巨细、事事关心、处处着眼、时时紧盯的活儿，没到小白鹭民间舞团几天，他就切实感受到了这一点。

他发现，年轻的"北舞厦门实验班"的小白鹭演员自我感觉似乎十分良好，眼高手低，还潜藏着自以为是的"小问题"。外省市的歌舞团到厦门，他们基本都不看，有票也不看，再好的演出节目也不看。"这样不好。"高国庆找来了演员们，动情地引导他们："不管你是什么专业，都要有虚怀若谷的胸怀，要有感佩感恩的情怀，多少年来，我参加过高水平的舞蹈调演、比赛，观摩过很多艺术院团的节目，我都是聚精会神、激动地去揣摩、去感知、去体悟。我想，从今天起，我们一起来！"

高国庆认为，作为具体的业务管理人员，就要真切地感知演员、熟悉演员、了解演员，最后取得演员的信任。人家可能用了三五年的时间，而高国庆就不用，因为他用心了，能够让自己以最快的时间进入状态，走到演员们身边，推开演员们的心扉，打动演员们的心灵，去获得最可贵的信任。

对于新来乍到的高副团长，小白鹭演员都在私下议论："他是舞蹈演员没错，但他会民间舞吗？"高国庆知道了，便真诚坦率地和他们交心："我听出你们的意思。虽然我不是练民间舞出身，但是我当了大半辈子的舞蹈演员。艺术是相通的，虽然我一时还看不懂这些东西，但我可以学，和你们一起学，这就叫磨合啊。"

　　训练时小白鹭们会有点偷懒，可一听到轰隆而来的摩托车引擎声，就知道高国庆副团长来了，他们便开始"装"了，又开始握把杆，假装训练。高国庆知道了，但并不说破，更不会板起面孔教训一番，而是默默地用自己的言传身教去感召他们。随着时间推移，那由远及近的摩托轰鸣声，似乎在小白鹭们耳边渐行渐远，无论高副团长在或不在，他们都会定下心来埋头练功。

　　以严肃的目光审视每一位演员，真诚瞩望成长；以严谨的态度检视演员们表演，真心盼望成才。高国庆在小白鹭民间舞团22年，凭借他对舞蹈艺术的实践，对舞团的舞蹈进行独特的解读，解读要义，剖析内涵，更多是通过亲身的体验与演员们进行解读后的实践。对于实践过程中出现的纰漏或瑕疵，他绝对不予包容。有一年冬天到柘荣县演出，高国庆发现演员在演出时"偷工减料"，这是个一定要扼住的苗头。演出结束，高国庆找到了几位"当事者"。"当事者"们似乎有点抱怨："刚才，你看出来了，是吧？"高国庆告诉他们几位："怎么说我看不出来，你们的动作我都会跳了。"说着，便演示给他们看，演员们口服心服，从此这些偷懒的现象遁形了。

　　有时高国庆感到，他就像是一个舞蹈队长，带着十男十女20个"小白鹭"，在舞蹈的有限艺术空间里翔舞。可这些年轻的舞蹈演员正处在青春期，难免会有难以把控的思想苗头出现。说直接点，每天排练结束，剩下的时间也得管着，包括谈恋爱，他作为业务副团长，都得费脑子去疏导。尽管这些婆婆妈妈的事并不属于在他的工作范畴，但他深知，这些看似鸡毛蒜皮的小事都牵系着这群"小白鹭"的健康成长，关系到厦门的民间舞蹈事业的未来。

　　见微知著，润物无声。高国庆带着一批批小白鹭民间舞团的演员在艺术实践的过程中，思索人生，带着他们在舞蹈艺术探索之路、实践大道上，稳步走向远方。

　　20年来，高国庆恪尽职守，耕耘舞蹈艺术园地，为小白鹭民间舞团的业务建设，作出了突出贡献。他在舞蹈艺术领域兢兢业业，一丝不苟，培养出了一大批优秀的舞蹈演员。建团30年，小白鹭民间舞团的演员在全国、全省的重大比赛中，屡屡斩获优异成绩，毋庸置疑，高国庆的心血也流淌于其间。

荣誉，浸透着他的心血

　　小白鹭民间舞团从它成立的那一天起，不但得到厦门人的注目，而且受到国内外舞蹈艺术界持续的关注。30年来，它和厦门艺术学校互相依托，实行"团校结合"的模式。由于团校优势互补、资源共享，把学习、创作、科研、表演、培训和对外文化交流有机地结合，形成了一套崭新的充满活力的运作机制，让小白鹭民间舞团粲然出现在世人眼前。其间，都有着高国庆的心血倾注。

　　从1994年起，高国庆曾多次在厦门市及厦门小白鹭舞团参加的重大演出活动中担任演员、带队、总导演，一步一个脚印圆满完成了市里、省里还有国家交给的一次次重大演出活动。

▲ 1998年10月，参加福建省委、省政府举办的大型庆典活动——庆祝福州建城2200年大型文艺晚会《左海春秋》，并在其中饰演吴楚。

　　1998年10月，参加福建省委、省政府举办的大型庆典活动——庆祝福州建城2200年大型文艺晚会《左海春秋》，并在其中饰演吴楚。

　　2000年4月，率厦门小白鹭民间舞团参加潍坊国际风筝节。

　　2006年，受命担任厦门市庆祝中国共产党建党85周年晚会总导演。

　　2008年，担任第一届海峡两岸文博会晚会总导演；3月，厦门小白鹭民间舞团为迎奥运排演了专题舞蹈晚会《火舞梦圆》，并于8月赴京演出。同年，该节目参加中央电视台专题晚会《百年圆梦——2008年迎奥运》演出。

　　2010年3月，厦门小白鹭民间舞团第一次公演《舞宴》，高国庆担任总导演，公演受到很高的评价；9月，担任第十四届厦门"九八"中国国际贸治会大型焰火歌舞晚会《五洲欢歌》总导演，《五洲欢歌》的演出受到党和国家领导人及外国元首的赞许，并得到市政府的表彰。

▲ 2010年9月，大型焰火歌舞晚会《五洲欢歌》

2011年12月，在厦门小白鹭民间舞团公演的《跳春》专题舞蹈晚会中，高国庆担任总导演。

2012年12月，担任厦门小白鹭民间舞团的大型音舞诗画专题晚会《远航》总导演。

2013年6月，率团前往山东临沂参加全国第十届舞蹈比赛，指导的参赛剧目《海上民谣》获创作二等奖；10月，参评文化部第十四届文华奖，执导的《沉沉的厝里情》获优秀

▲ 2011年12月，专题舞蹈晚会《跳春》

▲ 2012年12月，大型音舞诗画专题晚会《远航》

▲ 《海上民谣》

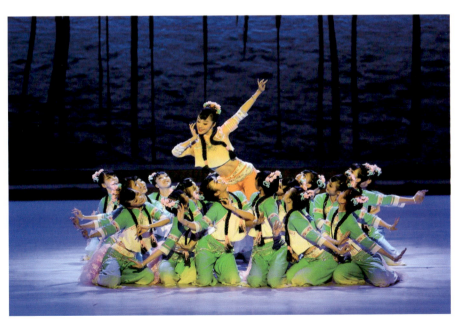

▲ 《沉沉的厝里情》

剧目奖、编导奖、表演奖；同年11月，《沉沉的厝里情》参加第九届中国舞蹈荷花奖舞剧·舞蹈诗比赛，获作品金奖、表演银奖。

高国庆在厦门小白鹭民间舞团工作期间，致力于中华优秀传统文化的海外推广，为此承担国家对外进行文化交流的重大使命。厦门小白鹭民间舞团美誉远播，蜚声五洲，高国庆精湛的执导、排演和演出的指导技艺功不可没。

1994年10月30日，应邀率厦门小白鹭民间舞团赴日本佐世保市、串木野市、宜野湾市访问演出；同年11月，厦门小白鹭民间舞团应香港厦门联谊会邀请，在香港大会堂进行演出。

1995年12月，应厦门友好城市菲律宾宿务市政府邀请，带队前往访问演出。

▲ 代表团于法国留影（高国庆：一排左五）

1998年6月，应国际民间艺术节主席亨利·库尔萨杰邀请，协助带队出访西班牙、法国、意大利，参加多个艺术节，历时70天。

2001年7月，受中国人民对外友好协会派遣，随厦门小白鹭民间舞团赴莫斯科，厦门小白鹭民间舞团荣膺中俄纪念奖章。

2004年，随团出访保加利亚，参加庆祝中保建交55周年演出；7月，

▲ 上左：代表团于意大利留影（高国庆：三排左七）
　上右：2001年7月，受中国人民对外友好协会派遣，随厦门小白鹭民间舞团赴莫斯科（高国庆：正中）
　中左、中右：2004年，随团出访保加利亚，参加庆祝中保建交55周年演出
　　下：2005年，应惠灵顿第六届AHA组委会的邀请，受厦门外办及文化局委派，参加新西兰澳大利亚芭蕾舞比赛的评委工作（高国庆：正中）

▲ 参加中印建交60周年纪念活动暨印度"中国节"闭幕式演出，小白鹭团员合影（高国庆：一排左三）

▲ "小白鹭"于朝鲜合影（高国庆：二排左五）

随团赴德国不来梅市参加"中国之夜"演出及第四届奥林匹克国际合唱节比赛接旗仪式；同年11月，赴马来西亚参加庆祝中马建交30周年演出。

2005年，应惠灵顿第六届AHA组委会的邀请，受厦门外办及文化局委派，参加新西兰、澳大利亚芭蕾舞比赛的评委工作。

2009年，随团参加菲律宾国际旅游文化节演出。同年赴澳门演出。

2010年12月，受文化部委派，厦门小白鹭民间舞团赴印度参加中印建交60周年纪念活动暨印度"中国节"闭幕式演出。

2011年4月，受文化部委派，赴朝鲜参加第27届"四月之春"太阳节国际友谊艺术节演出，获3枚金牌；同年6月，参加匈牙利布达佩斯第十六届国际多元文化节、多瑙国际民间艺术节演出。

2012年4月，受文化部委派，参加"中国—阿拉伯国家合作论坛"、第二届中国艺术节开幕式演出及中国约旦建交

▲ 2011年6月，"小白鹭"于匈牙利合影（高国庆：二排右七）

30周年演出；6月，率团出访韩国丽水参加世界博览会，做推介厦门的专场演出，顺道访问了首尔、木浦、釜山等城市。

2015年，受文化部委派，率团赴阿尔及利亚、摩洛哥访问演出。

高国庆对于两岸的舞蹈界交流特别上心，为了推进祖国统一大业，增进海峡两岸的文化交流，他带领小白鹭民间舞团前往宝岛台湾，带去最正宗的大陆各地的民间舞蹈。

2001年8月，应金门两岸交流协会李炷烽的邀请，执导小白鹭民间舞团赴金门演出。

▲ 2012年4月，"小白鹭"于约旦合影（高国庆：二排右七）

▲ 2012年6月，"小白鹭"于韩国合影（高国庆：二排右一）

2007年至2008年3次协同率领厦门小白鹭民间舞团，到台湾岛各县市进行公演。

"小白鹭"是第一个在厦门本地剧场商演获得较大成功的演出团体。1998年元旦，小白鹭民间舞团首次在厦门影剧院举办新年舞蹈晚会。《厦门日报》刊载了当时的消息。消息是这样报道的："1997年底，各地都是迎新年音乐会，而厦门却有一台小白鹭民间舞迎新年演出，他们相信自己的魅力，连演三天，还向公众售票……演出反响热烈，场场爆满，好评不断。"1999年元旦，小白鹭民间舞团再次推出一台高质量的新年舞蹈晚会，照样观者如潮，场场爆满，演出从头到尾，掌声和欢呼声不断，演出完毕，观众久久不愿离去，有的人找演员签名留念，让演员们足足地品尝了一回"星"的滋味。

高国庆还十分注重年轻一代编导人员整体艺术内涵的培育和沉淀，因为这是艺术院团成功的必由之路和循序发展的前景所需，是作为中国最早的民间舞团能否在先声夺人之后，不陷入后继乏力境地的关键。

在审查小白鹭民间舞团编排的舞蹈《沉沉的厝里情》时，高国庆自始至终目不转睛地看着，当大幕徐徐落下的那一刻，高国庆竟泪流满面，半天说不出话来。他看到了依靠新一代的年轻编导，"小白鹭"也能排出这么好的舞蹈，深深地为"小白鹭"们在艺术上的成熟而欣慰。

辛勤的耕耘绝非为了得到回报，而该有的回报也会悄悄来到。就在1994年，高国庆迎来人生中可喜可贺的两件大事。那一年的8月份，他被福建省人事局评为国家一级舞蹈演员，也是福建省舞蹈界首批获此殊荣的两位演员之一；那一年10月，高国庆荣获国务院颁发的政府特殊津贴，这是党中央、国务院向国家各行各业中作出突出贡献的专家、学者、技术人员发放的政府特殊津贴。从1990年开始一直到2022年有18.7万人享受了这个待遇，而在这个奖励制度开始后的第5年，就得到如此高规格的待遇，高国庆激动不已。

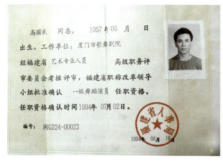

▲ 1994年8月，被福建省人事局评为国家一级舞蹈演员，也是福建省舞蹈界首批获此殊荣的两位演员之一

▲ 1994年10月，获国务院颁发的政府特殊津贴

▲ 2010年9月，获厦门文艺突出贡献奖

2010年9月，高国庆荣获厦门文艺突出贡献奖，同年10月，他被评为厦门市双拥模范。

这一份份荣誉是高国庆呕心沥血的见证，是国家和人民对他的肯定和褒奖。

2015年5月，高国庆转任厦门艺术学校副校长，他干的还是老本行——分管教学。转换跑道的时候，高国庆对自己22年的小白鹭民间舞团副团长的任职，进行了反思："我尽到了自己的责任。因为其一，我爱舞蹈，我热爱自己的事业；其二，我觉得这些年我尽职尽责，对得起演员们，对得起工作，对得起事业的发展。"

回望，还存乎无边的期许

2017年1月，高国庆提前半年办理了退休手续。尽管退休了，但他并没有在人生旅程中驻足小憩，因为他的生命已经和舞蹈高度融合，不可分离。　他很快找到了延续舞蹈艺术生命的一处别致的舒展空间——在刚刚成立的田野艺考中心担任艺术总监。

周围的老同事、学生都知道，高国庆是一个比较感性、情感丰富的舞蹈艺术家，是"舞蹈真人"，他对舞蹈的内涵领悟是十分真切细腻的。

从2016年起，他连续四年担任国家艺术基金专家委员会初评委员；连续20多年担任福建省中青年舞蹈比赛、华东六省一市舞蹈比赛、海峡两岸大学生舞蹈比赛评委。

2000年，在宁波观摩过一次全国性的舞蹈比赛之后，高国庆想，厦门小白鹭民间舞团虽然号称是中国第一个民族民间舞团，但是，跳过的民族舞蹈不超过20个。中国拥有56个民族的民族民间舞蹈，可开发的机会之多、可延伸的创作之路之长、发展的空间之广，简直不可限量。如果要来排一个一个民族的舞蹈，要排多少年才能排完？想到这里，他无比激动，无比亢奋。

退休之前，高国庆曾对小白鹭民间舞团的年轻编导们说："舞，贵独创。按照我们中国的农历，一年四季的节气有24个，比如说，可以将汉族、满族、蒙古族、维吾尔族四个民族与春、夏、秋、冬不同的生活场景艺术化地表现出来，那就是最实在、最本色、最草根性的创意。"这番话给了年轻编导们很大启发，他们说干就干，编排了舞蹈《时节》。高国庆看了，大加赞赏，鼓励他们说："你们应该按照这个思路，往前走。"

尽管离开工作岗位，高国庆还会时不时回到厦门艺术学校。他对现任的校领导说："学生考试时一定要叫上我，我要看他们的专业训练处在什么状态，看看他们的技能掌握的水准，看看编导还有什么新的创作思路。"就这样，他经常去学校"看课"，用一腔不泯的艺术人的热情，维系着和学校、和舞蹈专业的情感关联。

退休后，高国庆还关注与舞蹈有关的群众性舞蹈艺术的普及活动，他觉得，这也是舞蹈事业不可或缺的一部分。有一次，他受邀担任广场舞的评委，比赛结束，主办方请高国庆点评，而且告诉他，最好不讲缺点，表扬一下就行了。高国庆上台一点评，乐坏了全场，正是因为他既说好话，又点出缺点。他告诉大家："我这样说，有人可能不喜欢，希望表扬为主，但我不点出你们表演的不足，你们以后怎么能进步？既然作为专家，我就要讲实话，讲真话，讲能够帮助大家进步的话。不谈问题，我上来点评，还有用吗？"快人快语的点评，这就是高国庆为人做事的风格。

走下了挥汗拼搏45年的练功厅和聚光灯下的舞台，高国庆可自由掌握的时间更多了。除了继续关注舞蹈事业，他也重拾青少年时代的兴趣和向往。

他少年时吹过笛子，又发现时下中老年人喜爱学习电吹管，于是也跃跃欲试。他一开练就不歇着，连续三小时、六小时地练，练着练着，似乎找回了当年在练功厅的感觉。这，应该就是艺术家葆有的认真与执着。

在职时，他颇羡慕年轻人自驾游；退休后，他开始计划实现走向名山大川畅游江河湖海的梦想。为了增强自己的体能，以适应长途跋涉，他拿出了当年苦练基本功的劲头，每天早上8点背个包出去，沿着环岛路一直走，走到高崎机场后再往回走，几个来回，直到下午两三点钟才回家。高国庆说，生命之树长绿，靠的就是这样的滋养和磨砺。做好各种准备后，他开始实施自驾游的计划。第一年去西藏，第二年去甘肃敦煌，后来还去了黑龙江的漠河。虽然年过花甲，但高国庆的体能并不输给二三十岁的年轻人。去敦煌时，他有一段徒步走了108公里，去茶马古道徒步100多公里，还有一次上太行山爬山80公里。有一次，大摩总裁在"戈壁行"颁发"戈壁之盾"的奖牌，指定要奖给自驾、徒步者年纪最大的一位，高国庆年纪最大，奖牌非他莫属。

回顾自己走过的人生之路，高国庆说："我自己非常热爱舞蹈事业，

▲ 上：2018年，丝绸古路徒步赛留影
中：2018年，勇闯茶马徒步赛留影
下：2018年，获丝绸古路徒步赛"戈壁之盾"奖（高国庆：右）

▲ 漠河徒步留影

我这一辈子就干了一件事——舞蹈。"

　　他在笔记本上写下了两句质朴无华的人生感言：

　　昨天再好也走不回去，明天再难也要抬脚继续，不管你昨天有多么优秀，代表不了明天的辉煌。

　　坚信昨天的太阳永远晒不干今天的衣裳，以阳光的心态继续前行，每天都会更好。

第二辑　艺术论谈

试谈舞蹈演员的修养

高国庆

众所周知，舞蹈是一门综合艺术，它包含的面较广，涉及各个领域，在舞台表演和创作中的任何一个部分，都是各方面（音乐、编导、舞台美术、文学、诗歌等）紧密地结合。而且它们都是为着一个共同的目标——完美地展现作品的中心思想而进行创造性的工作，那么这些工作的完成，最终的表现者——演员，也是集体创作中的重要部分，因为作为舞台表演艺术，必须通过演员的精彩表演，真实地体现作品的内涵，揭示人与人之间的矛盾冲突和情感，把观众带入作品的意境中去，发挥舞蹈艺术特有的社会功能。

由此可见，任何主体创造者，都离不开演员的积极配合，要集中开掘演员的各方面展示角度，这样要求我们作为演员的本体要具有较高的艺术修养、表演技巧和多方面的知识，全方位地发展，只有这样才能胜任舞蹈作品或舞剧中的角色，在舞海中驾驭作品之舟。

一、敬业精神

人说"舞蹈艺术是残酷的"，一年365天要不间断地付出体力劳动，排练、演出无不在艰苦的创造中度过。要想成为一名优秀的舞蹈演员，首先要有坚强意志和事业心，热爱舞蹈艺术，勇于探索攀登艺术高峰。舞蹈演员和其他艺术门类的演员有所不同的是要用身体作为表现艺术的工具，要进行身体全方位的严格训练，这种科学的人体训练，要使人体达到舞者的要求，所经受的是皮肉之苦，有时还会是伤筋动骨。这就要求舞蹈演员，要有不怕吃苦的精神和为艺术而献身的顽强意志，光能吃苦还不行，因为所谓"艺术生产和劳动"带有积极的创造性，同时还对人的思维和想象力进行深层次开掘。舞蹈是体力劳动和脑力劳动的结合。作为一名较成熟的舞蹈演员，首先要热爱舞蹈，有强烈的艺术愿望和事业心。

二、艺术积累

任何艺术都是反映人们的生活和情感的，基础都是生活，好的舞蹈演员是艺术家而不是舞蹈匠人，要不断地学习和全面掌握知识。除此以外，更重要的是应该多积累生活中的艺术，学习表演知识、表演方法，多学多看。这样通过多方面的艺术积累，提高自己的表演水平，会对从事的职业有很大帮助，能无形中起到促进的作用，提高演员表演素质，提高舞蹈艺术作品的水平。要培养自身的心理技术，不沉醉在技术技巧本身，而把展现人物丰富多彩的精神面貌当作一个演员首要的任务。只有充满人物真实的内在精神时，舞蹈艺术才会是富有内容和激动人心的。要想达到这一步，艺术的积累便是不断的、长期的。

三、不断提高

在努力提高现有的舞蹈艺术水平上，还要在二度创作上发挥能动性，变被动为主动，推动舞蹈艺术的快速进程。作为一名演员，应该不倦地追求，勤奋地钻研，努力地学习，激发和培养艺术想象力，进行艺术探索。这样看来，主动性是一名演员走向成熟的根本，系统研究动作、作品内涵、中心思想、人物塑造、剧中矛盾与人物情感，认真体验深入角色，真实与夸张地进行表演等这些课题，是演员不断提高的重要组成部分和应该学习掌握的基本知识。另外，还要进行文学、音乐、绘画、雕塑等方面的学习和了解，更要学习其他艺术门类的精华，提高舞蹈演员自身的表演水平，有自己的创作个性。越是鲜明的个性表现，塑造的各种形象越有生命力。舞蹈演员在表演不同角色时，气质和风格一是要把握住，二是要有区别，不能所有作品的表演千篇一律，没有个性和独创性。

舞蹈艺术是通过技术高超的假设性手段来表现现实主义内容的，所以，只有当舞蹈演员纯熟地掌握了舞蹈的技术后，才谈得出自己的亲身体验。我从事舞蹈艺术已有20多个春秋，青春是在排练场和舞台上度过的，十几岁登上舞台进行表演，至今还在继续，舞蹈之梦还未圆，舞蹈的想象还在舞台上向纵深延续，正因为这样，我认为：舞蹈演员除了进行专业技术的学习，还要在生活中不断地汲取营养和不断提高，只有这样，我们的舞蹈表演艺术才能不断提高，才不会枯竭。所以舞蹈表演艺术要想再上一个台阶，演员的自我修养应不断提高，应加强这方面观念和意识；抓艺术生产的同时，"修养问题"也要被重视起来，因为演员的敬业、修养可直接影响到舞蹈作品的质量，不可忽视。这是我20多年来的感受和体验，每一个成功者都和自我的艺术修养有着连带的关系。愿我们的舞蹈艺术能有更好更多的演员和作品奉献给我们的社会，奉献给我们的人民。

（原载于《福建日报》1993年11月27日）

第三辑 社会评价

烟台游子，厦门舞人

记青年舞蹈家高国庆

于 平

　　早就听说过高国庆。那是在1980年的全国舞蹈比赛中，他因《猎归》和《战友》的表演获演员二等奖。由于在这一强手如林的角逐中获胜，他与华超、刘敏、杨华等优胜者一道成为中国青年舞蹈家演出团的成员，赴美国、加拿大等国进行舞蹈文化交流。

　　再次听说高国庆并与他结识，是我去年应福建省歌舞剧院之邀前往榕城观看舞剧《丝海箫音》之时。彼时高国庆被从厦门市歌舞剧团借调而来，饰演剧中主人公阿海；他那恰到火候、毫无作态的表演给我留下了极为深刻的印象。那时就想问问他，这十几年来他一直在干些什么？

　　1992年岁末在沈阳举行的全国舞剧调演中，《丝海箫音》荣获大奖，排名紧次于近年来被舞坛看好的舞剧《阿诗玛》。我虽未去沈阳，但确信这其中有高国庆的一份功劳。因为他所饰演的角色在舞剧中是举足轻重的。调演后该剧应文化部邀请晋京演出，我与高国庆一道在友人家小叙，知道他这次获了个"优秀演员奖"，也知道了他更早一些的往事……

　　高国庆生肖属鸡，今年是他出生后的第三个本命年。37岁的他，仿佛依旧透出"闻鸡起舞"的英气。与他交谈，感觉他从不多话，问一句答一句，简明扼要却又有极强的感情饱和度。原来他生在烟台，1972年来福州投身军旅舞业，1987年因福州军区文工团在"大裁军"中撤销而转业到厦门市歌舞剧团；所以他常说福建是他的第二故乡。吃惯了苹果的他，现在与荔枝为伴了。

　　其实，他从舞的条件本来并不好，当时有的老师就在排练场对他说："你要能练出来，我就爬出去。"这话很刺激人，高国庆最初或许就是以此为内驱力的。数年如一日地，他凌晨4点起床练早功，真正是"闻鸡起舞"，并且还是早早就打鸣的"鸡"。几年过后，那老师未必爬出去，高国庆却练出来了。1976年举行的全国"单、双、三"舞蹈表演，他以《格斗》的表演引起舞坛的关注。他日后获全国舞蹈比赛的演员二等奖是有其必然性的。

　　从1980年至1992年，他也在"福建电视舞蹈大奖赛"之类的比赛中夺魁，但他的言谈中总流露出"不提当年勇"的神情。我没有问他今后的打算，因为据我对他性格的揣测，未去做的事他是不会夸夸其谈的。我要他选一张照片寄我，作为这篇短文的"注脚"；随文刊发的照片就是他的"选择"。在我看来，照片中是若干年前的他，神态可以说正对应着高国庆当下的心态——这是他关注着新的目标、在新的起跑线上跃跃欲试的写照……我祝他好运！

（原载于《舞蹈信息报》1993年4月15日）

拼搏成才的年轻人

记福州军区政治部文工团舞蹈演员高国庆

林　斌

1981年底的一天，在前锋文工团的大院里，一个令人振奋的消息不胫而走："高国庆参加中国舞蹈代表团去加拿大、美国演出啦！"

是的，小高作为该代表团六名男演员中的一员，飞往大洋彼岸为美洲人民表演东方的舞蹈艺术，这确是来之不易呀！

小高的这一天，是走过了多少艰辛之路才赢得的呀……

1972年，14岁的高国庆穿上崭新的军装，千里迢迢地从山东烟台来到福州军区政治部文工团舞蹈学员班。论素质，小高形象美、体形棒、软度好。但美中不足的是他的弹跳不好、力度不够。学员班的老师一眼就看出这是一块好坯子，经过锻打准能成才。老师针对他的弱点，以双倍的训练量来严格要求他。那时，小高为经常完不成老师的要求而苦恼。特别是当团里《草原小民兵》上演时要在学员中选演员，他笨手笨脚地落选了。这对高国庆真是当头一棒，晚上他竟伤心地哭了。哭够了，他清醒了：伙伴们选上了，说明人家就是比我强，说明我的功夫还远没到家。怎么办？拼！拼也要拼上去。他一抹泪，从那天晚上开始，他每天凌晨两三点就偷偷地起床，一个人摸到练功厅练起来，常常是一口气就练到天亮。晚上睡觉练，坐汽车也练，练腹肌，练背肌，哪个部位的力量不够，他就专练哪个部位的功夫。他练动作的力度，练各种毯子功。就这样冬去春来，苦练不舍。渐渐地，功夫不负有心人，他有了明显的长进。

汗水没有白流，拼搏终于成才。小高提前半年就结束了学员生活，开始以健美、刚劲、挺拔、英武的战士形象出现在舞台上。

1975年，编演周少三、李华创作的舞蹈《格斗》，小高被选中担任小战士这一角色。在两个月的排练时间里，小高深入部队体验生活，与侦

67

察兵一起摸爬滚打，揣摩他们的格斗动作；回来后与导演密切合作，日夜苦苦排练，经常干到下半夜一两点。《格斗》上演了，18岁的小高，那年第一次参加全国单项舞蹈调演。这个节目轰动了！小高连同《格斗》成了《人民画报》《解放军画报》等争相摄取的镜头。他塑造的机敏、顽强的侦察员形象，给首都观众和舞蹈界同行留下了深刻的印象。接着，兄弟演出团体学舞的纷至沓来，成功的大门第一次向他打开了！然而，有谁知道，他为了《格斗》中的一个飞脚动作流过多少汗，吃过多少苦呀！

成功并没有冲昏小高头脑。他从成功中学到了很多，也想到很多。他既信心倍增，也看到了自己的不足，他仍一如既往地继续拼搏向上。在这以后的几年里，他跳过《欢腾的哨所》《朱军长的扁担》《水》《送盐》《大渡河》等舞蹈，扮演过许多不同性格的角色。为了不断开拓自己的表演路子，他像一只勤劳的蜜蜂在艺术的百花园里不倦地吮汁酿蜜。小高的艺术功力与表现力与日俱进了。

1981年，为了参加全国第一届单、双、三舞蹈比赛，团里编导组以闪电般的速度创作出了八个舞蹈节目，其中《猎归》《战友》又由小高担任重要角色。在大连比赛期间，《猎归》《战友》又双双奏凯，小高被评为演员二等奖。消息传来，战友们为之高兴，这奖牌是小高用心血浇铸出来的呀！

小高从加拿大、美国载誉而归之后，这一切是否够了呢？是否该歇一歇呢？小高的回答是"不！""决不能在通向艺术高峰的半山腰歇脚！"胜不骄，败不馁。即使是在小高与其新婚的爱人回山东度蜜月的日子里，他也忘不了练功厅里那把杆。一到家乡，他第一件事就是找一个有把杆的地方坚持练功。为了不断提高自己的艺术修养，小高还买了一部录音机，录制了数百盘的舞曲和其他音乐资料，潜心研究，并反复观看，构思成舞蹈动作加以表现；为了增强手的表现力，他反复重点地练习像《海浪》《鸿雁》那样的舞蹈。他更加勤练好学了。一有机会，就不惜一切代价地求教于国内外舞蹈名师。小高一直是孜孜不倦地为他从小就喜爱的舞蹈艺术流汗拼搏！我们衷心祝愿高国庆同志在舞蹈艺术舞台上，为时代和人民创造更多更好的艺术形象，激励人民向"四化"进军，祝愿他焕发的青春闪射出更加灿烂的艺术光华！

（原载于《福建舞讯》1983年第4期）

舞之精灵

访省首届舞蹈电视大奖赛表演一等奖获得者高国庆

林燕瑜

再次见到厦门市歌舞剧团舞蹈演员高国庆，是他刚从福州归来不久。第一感觉是：他瘦了一圈，那双独具军人风采的明目带着淡淡的倦色。言谈中，流露出对舞蹈艺术执着的追求。

由北京舞蹈学院邢建中编舞、高国庆表演的古典舞《魂》，是厦门市歌舞剧团参赛的唯一节目；步入而立之年的高国庆，又是进入决赛中年龄最大的。30岁，对于舞蹈演员意味着现实是残酷的。参赛前，有人劝他急流勇退，他告诉笔者："我相信自己有能力、有条件去拼个一等奖，我有百分之七八十的把握。"

在舞蹈《魂》中，高国庆运用善于表达人物内心情感的形体，刚健、洒脱的舞姿，表现了一位身受重伤的义士为国捐躯前的内心世界。在强烈的音乐伴奏下，他闪转腾挪，英勇拼杀旗，民族之魂在舞蹈中得到升华。他赢得了9.93的高分，荣获了创作、表演一等奖。

1972年，15岁的高国庆从山东烟台来到了福州军区政治部文工团舞蹈学员队。高国庆的素质不错，美中不足的是他的弹跳不好，力度不够。为了扬长补短，他常常是凌晨两三点就到练功厅练起来。晚上睡觉时把腿抬起来练，乘汽车时踮起脚尖练。冬去春来，苦练不舍，高国庆提前半年结束了学员生活。1976年，19岁的高国庆第一次参加了全国电视舞蹈调演，在舞蹈《格斗》中演小战士，给首都观众、舞蹈界留下了深刻的印象。1981年，由高国庆担任重要角色的舞蹈《猎归》参加全国第一届单、双、三人舞比赛，高国庆获得演员二等奖。同年底，高国庆作为中国舞蹈家协会中国青年舞蹈家演出团六名男演员中的一名，到美国、加拿大演出。1985年底，前锋文工团解散，怀着到地方闯一闯的勃勃雄心，高国庆来到了厦门市歌舞剧团。然而，事情往往不尽如人意。练功厅里常常只剩他一人，在缺乏竞争的气氛中，他还得克服心理因素，每天坚持练功两个小时。

台上一分钟，台下十年功。赛前两个多月，为了提高素质、技巧，他坚持冬泳、素质训练，每天上午、下午、晚上都泡在练功厅里。数九寒天，汗水湿透了练功服，一天都得冲三次澡。"我真想歇一天。"高国庆说，"当我从练功厅里望见中山公园里怡然自得的人们，我真羡慕他们。如果我一开始就知道搞舞蹈这么苦，我就不会入这个门了，既然已走'错'门了，只好将错就错，而且要干得比别人强。"他就是凭着这么一股劲，在舞台上度过了16个春秋。当年与他同班的舞蹈演员，全都离开了舞台，而他雄风犹在，宝刀未老。今年7月，高国庆随厦门市歌舞剧团舞蹈小组访菲演出，菲律宾的《中国商业新闻》称"高国庆的独舞，不但有高超的舞艺、敏锐的乐感、充沛的体能及细致的感悟，而且在表演当中以身体语言表达出音乐的韵味"。

"业精于勤"是高国庆喜欢的一句格言。为了艺术，他把不满周岁的小孩寄放在烟台父母那里；为了艺术，他常常无暇他顾，为此，他感激妻子的理解与支持。舞蹈艺术就像有股魔力吸引着他，他将不停地旋转于舞台。

[原载于《厦门广播电视报》1987年第52期（总157期）]

高国庆：要做就做到最好

张薇薇

"每当看到我们'小白鹭'的团员演出，我的脚就发痒。假如有机会，我还想重返舞台。"说这番话的是厦门小白鹭民间舞团副团长高国庆。尽管39岁的他将近不惑，尽管国家一级舞蹈演员的耀眼光环已戴在了头上，舞台的魅力还是时时撩拨他的心。自从15岁踏入福州军区政治部文工团的大门，这位执着的山东汉子在舞台上一跳就是20多年。

高国庆小时候是个极顽皮的孩子，学舞不知用功，成绩最差。一次，老师召集全班同学一起给他挑毛病，那份难堪使一向好强的高国庆流下了泪水。从此，他憋着一股劲，每天两点钟就顶着星星起床练功。过了半年，他成了老师们公认的成绩最优秀的学生。1976年全国单人、双人、三人舞调演，他作为年龄最小的男演员初露峥嵘，双人舞《格斗》被评为优秀节目，1980年参加全国首届舞蹈比赛，又荣获表演二等奖。

台上一分钟，台下十年功。高国庆练功的勤奋、刻苦是有口皆碑的，即使1987年从部队复员调入厦门市歌舞剧团，这个好习惯还是没变。到团里第一天，头件事不是看宿舍，而是直奔练功厅。为了参加1987年的福建省舞蹈比赛，他苦练9个月，硬是把表演一等奖捧了回来。1992年省歌舞剧院排舞剧《丝海箫音》，他被特邀为男主角。经过一个多月"脱胎换骨"的训练，《丝海箫音》在全国舞剧观摩调演中获大奖，高国庆被评为优秀演员，次年该剧更是一举夺得文华7项桂冠，其中之一就是高国庆的文华表演奖，这是中国舞蹈演员能争取到的莫大荣誉。这一年，他36岁，终于为自己的舞蹈生涯添上灿烂的一笔。

1994年，高国庆调任小白鹭民间舞团副团长，他把对舞蹈的热爱倾注在孩子们身上。平时，他就像个老大哥，生活上对他们关心爱护，但演员要是偷懒犯错，他也决不姑息。比较自己年轻的时候，高国庆觉得现在这些孩子的条件相当优越，而面对经济大潮的冲击，如何引导这批苗子，在思想上艺术上更加扎实成熟，高国庆觉得肩上的担子很重。对于"小白鹭"已有的成绩，他并不满足。要做，就做到最好，这永远是他对舞蹈艺术的承诺。

（原载于《厦门晚报》1996年7月14日）

超越自我

记厦门市歌舞剧团舞蹈演员高国庆

黄秋苇

在一次青年朋友的聚会上，厦门市歌舞剧团舞蹈演员高国庆为大家表演了少数民族舞蹈《鸿雁》。那挺拔的身材、潇洒的气质和刚劲利索的动作，给人留下了难忘的印象。

笔者趁兴来到厦门市歌舞剧团，只见简陋且宽敞的练功厅里，只有高国庆一人在苦练基本功。有力的一招一式里，融进了男性的雄风，俨然是个性格型演员。高国庆告诉我，他这是在创作一个节目，初步定名为《挣》或《人的启示》，准备参加7月份在榕开幕的舞蹈竞赛。

高国庆15岁就进入福州军区政治部文工团，在舞台上已度过了17个春秋。1976年以来，他表演的节目曾多次获奖，1981年，他以中国舞蹈家协会中国青年舞蹈家演出团成员的身份，到美国、加拿大演出了一个半月。

舞蹈演员的甘苦，恐怕只有身历其境的人才能感受到。十几年来，高国庆献身于艺术，生活几乎是三段式的，早上练功，下午练功，晚上听课或看书。由于高国庆的基础打得很扎实，所以10年前在台上获奖，10年后的今天依然在台上自如地展示优美的人体造型，与他一同受训的舞蹈演员，全都离开了舞台，而他却依然雄风不减当年。

"我也有很深的苦闷。"高国庆坦率地说。转业到厦门市歌舞剧团后，这里练功的气氛与部队差距太大，缺少压力。高国庆不得不在这种气氛中克服自己的情绪，与自己作斗争，强迫自己每天至少坚持练功两小时。他拟参加省赛的这套节目，就是他有感而发创作的：表现一个人如何与环境、与自己抗衡，在自我超越中体现人生价值。为了能在7月份演出成功，他现在更是心弦紧绷不懈。最近，他的老母从烟台远道而来看望他，他不仅没能忙中偷闲厮守于慈母膝下，共享天伦之乐，还耐心地说服妈妈早点回去。这种献身艺术的赤诚，令人感动，母亲亦表示理解和支持。

"因为这也许是我在舞台上做最后一次拼搏了。我已三十有一，再下去心力两不济，只好转行搞创作了，因而我珍惜这次大赛这个难得的机会，争取在自己的舞蹈生涯中有个较好的完成。"高国庆对这种无法在亲情和艺术之间两全其美的处境亦深表遗憾。

人生要是全部美满，那才是最大的遗憾！结束采访时，我祝他7月份再执牛耳。

（原载于《厦门特区工人报》1987年4月1日）

超越自我

记厦门市歌舞剧团一级演员高国庆

黄秋苇

　　舞台上，硝烟弥漫、杀声震天！伴随着节奏强烈的乐曲，一位遍体鳞伤的勇士，从昏迷的阵痛中苏醒，他从血泊中挣扎着挂剑站起，踉踉跄跄、磕磕绊绊地杀入敌阵，挥剑斩断了敌旗，壮烈地倒在自己的义旗之下……

　　成功了！在1987年12月的省首届青年演员舞蹈大奖赛中，厦门市歌舞剧团高国庆的独舞《魂》，荣获编导、表演一等奖！"掌声、荣誉、鲜花，只是包扎我心灵创伤的一条绷带……"高国庆这样回答记者的提问。

　　是啊，在生活的舞台上，他也曾是一位孤军奋战、伤痕累累的勇士啊！

　　两年前，28岁的高国庆从部队前锋文工团复员到地方。在这里，没有部队那种闻鸡起舞、枕戈待旦的紧张气氛；也没有夏练三伏、冬练三九的刻苦精神！偌大的练功厅，一年365天，竟有280天剩他一人在唱独角戏！

　　"国庆，别盲目吃苦了！走，跟哥们儿去巡回演出，包你每月有三四百元收入。"见他天天在地上摸爬滚打，有人这样劝说道，"不然，我介绍你晚上到酒吧做歌伴舞，每夜10元。"

　　懒洋洋的环境像一堵无形的墙，在悄悄挤压着高国庆的灵魂。在这种讲究实惠又追求轻松的氛围中，人很容易被同化，变得慵倦、疏懒，充满惰性。

　　这时，一些同时参军的朋友也从各地来信，诉说他们因过而立之年，不得不退出舞台的情景！高国庆的心受到了很大的触动：是啊，舞蹈这门艺术，格外注重胸腰的凝聚力和腿脚的爆发力，它的黄金时期只属于25岁之前的小伙子！想当年，自己也曾身轻如燕、翩若惊鸿，可现在每次练功结束总是汗流浃背、气喘吁吁——自然规律向自己敲响了行将被淘汰的警钟！

"该怎样给自己十六载的舞蹈生涯打上个结束的句号？"这个迫切的问题，像一团阴霾，在高国庆的心头久久萦绕！

机会终于姗姗来迟了！1987年4月，省首届青年演员舞蹈大奖赛开始报名，高国庆毫不犹豫地向领导毛遂自荐："我行，给我最后一次拼搏的机会吧！"

就在这时，他白发苍苍的老母亲，从山东烟台千里迢迢看望儿子来了。妈妈住了不到一个星期，高国庆就急着送老人家登上了厦门往上海转烟台的轮船："妈妈，孩子不孝，对不起您老人家！您大老远来看我们，可我却没能抽空陪您逛中山路、游鼓浪屿……您把我抚养成人，现在还得再帮我照看儿子！"

"国庆，妈不怪你，妈理解你！孙子由我带着，你全力以赴去准备吧！"开明的母亲全力支持儿子的事业，她不仅没有多待，末了还帮高国庆带走刚满两岁的小孩，解除了他的后顾之忧！

其实，高国庆何尝不想在慈母膝下重温儿时的温暖，何尝不想用胡须把儿子扎得直笑啊！但亲情和事业不可得兼，他只好忍痛送别了母亲和儿子。

然而，更深的烦恼又接踵而至了！高国庆与人合作的参赛节目《魂》，歌舞剧团没人愿意为他录音，他只好跑到外头请朋友帮忙；扮演勇士的古典服装，团里没人会制作，他跑遍了厦门的个体裁缝店，求爷爷、告奶奶地再三央求，最后才有一位生意不太好、手头没活干的师傅答应为他裁制，当然，工钱极高。

"砰！"高国庆一回家就把桶袋重重地摔在沙发上，无精打采地躺倒在床上："我不干了！何苦呢？我早上在团里练功，下午到群艺馆练剑，晚上在家里练俯卧撑！在生活中，既不是好儿子，也不是模范丈夫，更不是好父亲……"

细心体贴的妻子见丈夫眉头紧皱、眼睛喷火，像一个在外头被人欺侮的孩子，忙放下手头的脏衣服，过来偎着丈夫好言相劝："受点委屈算得了什么？你现在决不能泄气！来，洗洗脸，换上新衣服，咱们到万石植物园去散散步。"

高国庆内心也不甘沉沦，牢骚发过之后，他又抖擞精神，翌日凌晨又出现在起早锻炼的人群里……

在这次大奖赛中，他终于克服了年龄、心理的障碍，一举夺魁！他这种自我战胜的壮举，修改了笛卡尔的箴言："征服自己比征服世界还难。"但也证实了培根的格言："真正的伟人，就像是神一样无所畏惧的凡人！"

（原载于《世界日报》1988年12月14日）

这时候要天晴啊！

王岩芳

天气预报将有三个台风连续登陆，对于今年的"九八"投洽会焰火晚会筹办组来说，无疑是一个大考验。9月1日是进入现场对光的第三天，厦门的天气开始转阴，下起雨来。晚上6点，高国庆将和他的同事们再到演出彩排现场。可是下午4点多了，雨还在下。现场装台师傅打来电话："下雨了，怎么办呢？""这时候能怎么办呢？只能等雨停了。"离9月8日越来越近，一旦雨大影响工作，彩排的进度将受影响。"最重要的倒不在雨的问题了，这次要面临的可是台风。"高国庆说。

今年的"九八"投洽会焰火晚会由"小白鹭"承办，这是作为专业舞团的"小白鹭"第一次承办如此大型的焰火歌舞晚会，舞团副团长高国庆担任晚会的总导演。从4月份开始筹备到9月8日正式演出，整个晚会的筹备时间只有四个月左右。"小白鹭"的《舞宴》还在演出阶段时，高国庆便开始转入此次焰火晚会的准备工作。在他导演的《舞宴》大获好评的情况下开始焰火晚会的筹备，对高国庆来说，是肯定，也是压力。毕竟《舞宴》是纯专业的舞蹈演出，而焰火晚会，不仅仅有舞蹈，节目包含多个种类，有杂技、武术、器乐、焰火表演等等。虽然之前高国庆也多次导过综合类晚会，可是此次的焰火晚会毕竟是大型的户外演出，非同一般。作为晚会的总导演，高国庆希望能在晚会上有所突破，尽全力做到最好。

"我们要把晚会的前期准备工作做到最细。"高国庆的办公室里放着焰火晚会现场的舞美设计图板，他常常坐在沙发上，对着图板，一遍一遍地想演出流程，把演出可能遇到的各种问题都考虑一遍。不怕一万，只怕万一。这次晚会将有超过500名的演职人员参与，不仅仅"小白鹭"和艺校全员参与，也包括中央歌舞剧院、省京剧院、广州战士杂技团等知名演出团体，还有来自俄罗斯和非洲的舞蹈团。演出的准备和调度必须仔细、仔细再仔细。最后的几天时间，大家一天三班倒，高国庆白天在练功厅，晚上到现场。至于演出，高国庆相信前期细致的准备能够带来好的结果，只有晚会顺利完成了，他才能轻松得了。

幸好，台风并未对厦门造成大的影响，我们期待"小白鹭"第一次承办的焰火晚会顺利登场。

（原载于《厦门晚报》2010年9月5日）

"文华奖"有咱烟台人

厦门小白鹭民间舞团副团长高国庆 41 年首回乡

刘 晋

　　十艺节"文华奖"烟台分会场的比赛正在如火如荼地进行，记者收到"线报"，由厦门小白鹭民间舞团排演的舞蹈诗《沉沉的厝里情》里有咱烟台老乡。他就是厦门小白鹭民间舞团业务副团长、国家一级演员，福建省舞蹈家协会副主席高国庆。

　　采访高国庆并不是件容易的事，时隔41年首次带团回乡，亲戚朋友众多，应酬也自然多了起来，再加上80岁的老母亲还在烟台，利用这个难得的机会尽一下孝心也是自然。昨日下午，记者终于跟他接上了头，除了表达自己的歉意，高国庆更愿意聊聊他的家乡——美丽的烟台。

八旬老母助阵"文华奖"

　　1972年考入福州军区前锋文工团。多次参加全国、全军、福建省舞蹈比赛获奖。1987年调厦门市歌舞剧团，一级演员。1992年全国舞剧团调演获优秀演员奖；1994年获文化部第三届"文华"奖评选演员奖，并获"五个一"工程奖，调厦门小白鹭民间舞团任副团长……

　　一路走来，这位国内舞蹈界响当当的人物最难割舍的，就是那份烟台情。《沉沉的厝里情》于10月16日、17日在胶东剧院连演两场，台下坐着的高国庆的亲友团就达百余人，"有同学、战友，还有家里的亲戚"。最让他感动的是，自己80岁的老母亲也专程赶到现场。"她的身体非常好。"高国庆谈起老母亲，话也多了起来，"我记得她76岁那年，还一个人登上了泰山呢。"现如今，高国庆的弟弟妹妹都在烟台，"也正好利用这一难得的机会跟他们好好聚一下。"

值得一提的是，高国庆此次回乡，好事也接踵而来。"说来也巧，我是41年以后第一次带团回来演出，9月30号我老伴退休，也跟我一起回了烟台。"就在17日演出完成后的第二天，又是他孩子的生日，"故乡就是故乡，好事都赶到了一起。"

回家演出的感觉真好

家住大马路的高国庆此番回家，特地带着小白鹭民间舞团的同事好好逛了一下烟台。几天下来，他的同事产生了这样的想法："烟台这么漂亮，你当年为什么要跑到厦门去？""在烟台待着得了，还回去干吗？"

说起这些，高国庆非常自豪："他们看过烟台后，都觉得这里很漂亮，气候也好，有的人还表示烟台有点像国外。"每当听到这样的话，他心里都是美滋滋的。两天的演出，让他对烟台观众也有了很深的认识，"素质很高，有水平，会欣赏。"高国庆说，"他们知道什么地方应该鼓掌，什么地方需要安静，而且胶东剧院的管理也非常严格，回家演出的感觉真好。"

采访中，还有一段趣事吸引了记者，那就是他与朱时茂的"好感情"。据高国庆介绍，自己跟朱时茂都是福州军区前锋文工团的兵，并在一起待了15年。"虽然他比我早两年，可我跟他的媳妇范旭霞可是解放路小学的同学。"聊起这段往事，高国庆乐得合不拢嘴，"前几年我们一起录了深圳卫视的《大牌生日会》，在节目里我就曾说过，当年朱时茂和范旭霞谈恋爱，我就是那个'地下交通员'。"

（原载于《今晨6点》2013年10月21日）

高国庆：舞蹈是一辈子的事业

谢晓婉

高国庆在"小白鹭"坚守20年，其间的职务几乎没有变动过，只是在退休前去厦门艺术学校当了半年的副校长。"不是没有机会走，也不是没有机会升。"高国庆说。对专业的热爱以及"小白鹭"的喜爱，让他一次次地放弃转型晋升的机会。

现在已经退休的他，乐见"小白鹭"的创新转变。特别是盖起了大楼，增加了剧场，演员名额得到了解决，资金也相对充裕……一切向好，高国庆说，不管换多少代人，"小白鹭"的精神都在。他鼓励"小白鹭"一定要坚持走民族民间舞的道路，不忘初心，一往无前！

舞台先锋精雕"小白鹭"

加盟"小白鹭"的时候，高国庆已经在舞蹈界活跃了20多年。早在1976年1月，高国庆参加全国第一届单、双、三舞蹈调演，所表演的双人舞《格斗》获得了很高评价。《人民画报》《解放军画报》《民族画报》相继刊登《格斗》剧照，人民音乐出版社还发行了单行本图书介绍《格斗》。1980年，他代表解放军代表队参加第一届全国单、双、三舞蹈比赛，表演的节目《战友》《猎归》共获得三个二等奖、两个三等奖，立三等功一次并获得团嘉奖一次。

作为厦门的引进人才，高国庆本着对厦门的喜爱以及对舞蹈的热爱，在厦门市歌舞剧团期间依旧在舞台上绽放光芒，代表厦门参加福建省第一届电视舞蹈大赛，所表演的独舞《魂》获得表演、创作一等奖。

1994年4月，离开厦门市歌舞剧团，"战功"显赫的高国庆放弃多种可能，选择进入小白鹭民间舞团担任业务副团长。那个时候，小白鹭刚刚成立半年，和别人共用八角楼，演员们的训练和住宿都在这里。

"我是真的喜欢这帮孩子！"高国庆说。当时全国有三个专业舞蹈团体，以民间舞为特色的"小白鹭"就是其中之一。当他看了"小白鹭"的民间舞表演后，立马喜欢上了"小白鹭"。在他眼中，孩子们不但非常可爱，专业度也高，小小年纪已经有不少的舞台经验，在北京打出了自己的名气。

作为业务副团长，高国庆的日常工作就是不断地精"雕"演员。"我会比较严格。"高国庆笑言。他是专业舞蹈演员出身，孩子们在训练时认不认真、专不专业都逃不过他的"火眼金睛"。高国庆为了给演员立"规矩"，每天早上都雷打不动地在练功厅候着，就是为了改正演员练功迟到的习惯。

曾有一段时间，"老演员"提出退离舞台，高国庆断然拒绝："不准退！舞蹈是一辈子的事业，老演员即使不当主演，也一定要上台！"他以自己36岁才拿文华奖的生动案例告诉演员们，什么是演员的坚守。在这样的氛围之下，"小白鹭"形成了"能吃苦，老带新"的宝贵精神财富。

专注"民间舞"擦亮品牌

"小白鹭"的成长时段，正值改革开放之初。当时，歌舞厅对演员的诱惑很大。可是，谁都知道"小白鹭"有一个明文规定——"不许去歌舞厅"。

"有一次，有一个朋友跟我说，你不是说'小白鹭'不能去歌舞厅吗？我那里就有一个。"高国庆回忆，他连忙骑着车往歌舞厅赶，到了一看，是一张完全陌生的面孔。对方声称自己就是"小白鹭"的演员，却连自己的业务副团长都不认识。对方身份被拆穿后，才辩称自己的艺名叫"小白鹭"。

"'小白鹭'可以存留下来，与它成为独立主体息息相关；在民间舞专业上的坚持，才有了打造'小白鹭'品牌的机会。"高国庆曾经跟演员说，中国的民间舞种类非常丰富，要争取把全国各类民间舞都跳遍。也因此，他提出了一个新的目标：每年都要有一台晚会。

全团上下齐心协力，"小白鹭"品牌越擦越亮，"飞"出了一大批优秀演员，拿奖无数。在幕后为"小白鹭"鼓气，在台下为"小白鹭"鼓掌，高国庆说，他常常被孩子们的表演打动。在展翅高飞的20多年间，"小白鹭"拿下了很多奖项，但有一个奖是福建省"零的突破"——舞剧《沉沉的厝里情》，拿下了中国荷花奖舞剧奖。

演员专业过硬感动世界

这样的"打动"常常发生。有一年高国庆带队到朝鲜表演《海那边》，这部剧讲述的是浅浅的海峡深深的乡愁。演出结束进宾馆的时候，服务人员说自己都看哭了。高国庆很讶异，问她看得懂吗？对方回复，虽然看不懂，但是感受得到诚挚的情感。那一次，朝鲜公布获奖结果时，"小白鹭"获得了三枚金牌及组委会最高奖。

"小白鹭"以过硬的专业度和鲜明的特色，成为外出访演的"金字招牌"。作为当时的带队老师之一，高国庆就出访五大洲40余次。

"走出国门，你会发现，原来民间舞这么受欢迎！"高国庆说。外访时不同国家的演员同台演出是家常便饭，"小白鹭"演员表演后收获满台鲜花的情况比比皆是。大家都很惊讶中国的民间舞怎么会有那么多的表现方式，转手绢、翻跟头……每次踩街，中国方阵都是最受欢迎的方阵。有一年在新西兰踩街，当地市长主动加入中国方阵一起游走。同样，中国的民间音乐也备受欢迎，甚至有外国友人提出购买音乐。

在和外国友人切磋的过程中，"小白鹭"也会串演对方的歌舞。"有一次跳朝鲜舞，韩国釜山艺术团的艺术总监说，'把孩子留给我吧！跳得实在太好了'。"高国庆说。由此可见小白鹭演员的功底有多深厚。

可以说，"小白鹭"作为厦门的城市名片之一，世界因它了解厦门，厦门因它享誉世界。

（选自小白鹭30周年纪念画册《借长风翱翔　与时代共舞》）

评论集萃

高国庆形象阳光帅气，热爱舞蹈，训练中不怕苦、不怕累，早起晚睡，进步很快。特别是接演双人舞《格斗》"小战士"以后，一个动作一个技巧，做不好就几十遍地练习，直到做好，他的勤奋刻苦的精神是超人的。所以，《格斗》在全军会演时，大获成功，演出时谢幕了六次。全军文工团基本上学习了《格斗》，《解放军报》《人民画报》《民族画报》都进行了报道和登载了《格斗》的剧照。不少文工团编导都为高国庆竖起了大拇指，高国庆受到了一致好评。高国庆是一个不可多得的舞蹈人才，他热爱舞蹈，有极强的事业心，希望他继续努力，不忘初心，砥砺前行，再创辉煌。

——周少三（著名舞蹈家、舞蹈编导，原福州军区前锋文工团歌舞队副队长）

我和高国庆同志在团里共事近15年，我们既是战友，也是老乡。我们俩都是山东烟台人，在高国庆单身汉的时候还同住一个宿舍好几年，对高国庆同志比较了解。

国庆同志身上有很多闪光点，给我留下了深刻的印象，很值得我学习。

一是他有强烈的事业心和高度的责任感，勇于攀登舞蹈事业的高峰。高国庆同志1972年入伍，在学员队训练了不到三年就毕业，在舞蹈队担任了主要演员。1980年，他参加全国舞蹈比赛，荣获二等奖。当时我记得一等奖、二等奖一共只有11个人获得，并参加中国青年舞蹈家演出团赴美国、加拿大等地演出，受到了广泛的赞誉，个人荣立了三等功。

二是高国庆同志学习特别刻苦认真。在学员队的时候，他就像海绵吸水一样学习，上课认真听讲，做好笔记动作，反复练习，不达到老师和自己满意的程度绝不罢休。高国庆同志练功是出了名的不怕苦，三更半夜就跑到练功厅去练功，有时候都练到了尿血的程度。在同批兵中，他是最早担任主要角色的。记得那还是刚毕业不久，他跳的《格斗》参加全国调演。当时好多专家和同行都不相信一个训练了四年的舞蹈演员，竟然能做出拖飞脚、三百六等高难度动作。所以说，高国庆同志能取得这样的成绩，与他从小打下了坚实的舞蹈基本功是分不开的。

高国庆同志为人正直，待人诚恳，性格豪爽，从不背后议论人，有事都当面讲。他是同批兵中担任分队长职务比较早的，却始终保持了普通士兵的本色。他善于传帮带，帮助年轻的同志，不仅在业务上起到骨干作用，就是平时装卸台、吊灯光、搬箱子，他也一马当先。就连当时舞美队的同志都说，舞蹈队的小伙子特别能干，装的灯光基本都很到位。我们简单地调整一下，就达到演出的标准了。在演员队，高国庆同志没有因为是主要演员而放松学习，经常向同队的同志们学习各种技巧。国庆同志就是这样不断地要求自己精益求精。

1985年，福州军区文工团撤销后，国庆夫妇转业到了厦门市歌舞剧团，后在小白鹭民间舞团、厦门艺校担任领导。他为福建省厦门市的艺术建设做出了突出贡献，也担任了福建省舞蹈家协会副主席。他先后被国家评为一级演员，享受国务院颁发的政府特殊津贴。为高国庆同志取得的这些优异成绩，我感到由衷的高兴和骄傲。近几年，国庆同志虽然已经退休了，但是他继续发挥着光和热，创办培训班，亲自担任教学。我衷心地祝愿国庆同志身体健康，为祖国培养更多优秀的舞蹈人才，做出更大更优异的成绩。

——孙林功（原福州军区前锋文工团舞蹈队队长）

我在福州军区前锋文工团从事舞蹈专业，担任过演员、教员，与高国庆同志有15年的战友情。前锋文工团始建于1957年，我们是一支特别能战斗的军队文艺队伍，多次参加全军文艺会演和比赛，以优秀的剧目、精湛的演技和优良的作风向党和人民汇报，先后多次受到中央领导亲切接见。我们还是一支作风顽强的军队文艺工作者，为前线三军的文化生活做出了重要贡献。

　　高国庆同志是文工团歌舞队的主要演员，才华横溢，技艺精湛，水平很高。他出演的双人舞蹈《格斗》更是红极一时，全军、全国文艺团体都争相学习。回忆他的成长历史，不得不提他入伍前有趣的故事。那是1972年的冬天，部队在山东烟台招收文艺兵。我当时负责招收舞蹈学员，在众多考生中，就有高国庆。虽然年纪小，但长相和身材与众不同，在一群考生中显得很耀眼。我当时就认定，他可以作为舞蹈演员培养。他进入考场后并没有展示舞蹈，而是从书包里拿出笛子进行了演奏，给大家耳目一新的感觉。他表演后，我问他，你会跳舞吗？他回答不会，我又问他，你会做广播体操吗？他严肃地回答，会啊，接着就认真地展示起来。他动作协调流畅，运动节奏感很强。我们招生组一致认为他是一棵跳舞的好苗子，虽然舞蹈技术是一张白纸，但良好的底子可以绘画出更好的图案。

　　高国庆同志就此穿上了军装，走入军营学习舞蹈，成为文工团年纪最小的一名军人。入伍后，在领导和教员的精心培养下，高国庆同志思想政治作风顽强，业务水平突飞猛进，从一名普通文艺战士成长为舞蹈队的业务骨干，直至担任舞蹈队副队长，参加军区代表队、解放军代表队等，在各项会演中多次获奖，在军内和全国青年舞蹈工作者中是一颗明珠。作为高国庆同志的战友，我为他已经取得的成绩感到骄傲，也希望他保持永远的前锋精神，继续攀登艺术高峰。

　　——张雅琴（原福州军区前锋文工团演员、教员）

　　在高国庆同志的舞蹈生涯中，恩师冯奕中老师起到了至关重要的作用。冯老师制定的短期、有效且科学的教学方法，以及他无微不至的耐心和关怀，使得高国庆同志在短短不到三年的时间里，迅速成长为前锋文工团优秀的监制演员。高国庆同志也凭借着卓越的天赋和不懈的努力，在舞蹈领域展现出非凡的才华。他以精湛的艺术、深情的演绎，为观众带来了无数震撼人心的表演。

　　——郭平（原福州军区前锋文工团编导，后调入广州战士歌舞团，一级编导，少将军衔，著名导演。

　　我与高国庆先生同年当兵，直到前锋文工团撤编。我们在一起工作生活了多年，相互比较了解。高国庆先生在部队的大熔炉中锻炼成长，在后来的作品呈现中，他荣获全军全国大奖，为福州军区、为前锋文工团赢得了荣誉，并成为全国瞩目的著名舞蹈家，在前锋同时晋升为副队长。荣誉的光环、官位的提升，并没有在他身上滋长傲气，而是和大家一样生活工作下部队，为士兵服务。

　　记得为了让基层官兵看到好戏，我们时常要将饭堂装饰成剧场。高国庆先生分管灯光，每次他都要爬到满是灰尘的房梁上将灯具吊上去。此时，他已是满身的汗水和泥土，接着就上台表演了。

　　在部队的艺术生涯中，我与高国庆先生合影的剧目甚多，记忆犹新的还是舞蹈《战友》的排练过程。具体梗概是，大战士（由我饰演），抱着身受重伤的小战士（由高国庆饰演），撤离炮火硝烟的战场，途遇干渴难耐的越军中尉。出于人道主义，我们将仅有的饮用水给越南中尉喝，结果越南中尉恩将仇报，刺伤了大战士。小战士义愤填膺，当场击毙了越军中尉。枪声引来了敌人的重围，大战士为了掩护小战士与敌人同归于尽了。

　　前锋文工团著名编导周少三、李华为该舞做了精心的设计，首先是将傣族舞步融入、提炼到舞蹈《战友》中来，成为撤离战场、艰难前行的基本步伐。于是，高国庆先生便努力学习傣族舞蹈，体会舞蹈韵律，并提升为艰难前行的人物步伐。剧中小战士精神稍好一些的时候，他们还跳起了欢快的家乡舞傣族舞，体现两位战士的乐观主义精神。

　　舞蹈《战友》有一段与敌人激战的场面，编导设计了一个高难度动作，即小战士远距离地穿越到大战士身上来，形成直线对山下敌人火力扫射状。这个动作难度大，要求十分精准。舞蹈进行到此刻，我们的体力消耗已经很大了，稍有闪失，摔下来人必定受伤，其人物塑造也都前功尽弃。对此，高国庆先生成百上千次地反复苦练，功夫不负有心人，最终我们在舞蹈比赛时精准地完成了这一高难度动作，收到了很好的艺术效果。

　　大战士壮烈牺牲后，小战士悲痛欲绝。为了抒发战友之情，编导为小战士设计了大量的舞段动作，刚柔并济，技巧叠加高能，其中有一个离地旋风空中转体的动作，该动作在中国舞蹈界属于绝活儿，几乎无人能够完成。试想，芭蕾舞中的直线上下的空中转体，有的专业人员都做不好，而高国庆先生要完成的是离地旋风空中转体，精准到位，难度非常大。在那个芳华年代，高国庆先生诸多的优秀作品的呈现，诸多的高难技巧动作的展现，加之他深情、激情的表演，奠定了他在中国舞蹈界的名声和地位。

——谢建平（原福州军区前锋文工团舞蹈队主要演员，《战友》中的大战士）

提起高国庆，我印象极为深刻。他早期在福州军区前锋文工团的时候担任主要演员，主要的作品有《格斗》《猎归》等。在全军全国舞蹈比赛当中获得了大奖。到了改革开放以后，福建省大型舞剧《丝海箫音》当中，他担任了男主角，在全国首届舞剧展演当中获得了文华奖。在全国舞蹈界产生了巨大的影响，为福建舞蹈争夺了荣誉。后期在管理的过程当中也成绩斐然。他分别担任了厦门小白鹭民间舞团副团长、厦门艺术学校副校长。他带领的演员团队以及表演创作，在全省、全国各类比赛当中也分别获得了大奖，为福建、为厦门争夺了荣誉。在这里，我再一次向他表示祝贺，祝贺他舞蹈艺术常青，舞蹈青春常在，继续为福建舞蹈、中国舞蹈做出贡献。

——石振华（福建省舞协主席，国家一级编导，原福州市歌舞剧院院长）

高国庆是福建舞蹈界的一面旗帜。我和高国庆相识在20世纪70年代，当年高国庆是福州军区政治部文工团的一名演员。福州军区政治部文工团当年创作的双人舞《格斗》，高国庆在其中扮演了小战士的角色。舞蹈中，高国庆帅气的形象、高难度的技巧在中国舞蹈界影响巨大，也给我们留下了深刻的印象。

1991年，福建省歌舞剧院创作了反映海上丝绸之路的舞剧《丝海箫音》，高国庆成了我们不二选的特定演员。我们认为国庆有着扮演这个角色的一切条件，形象、技术、刻苦、素养，以及他对舞蹈的执着和热爱。高国庆成功地在舞台上塑造了阿海这个角色。舞剧中阿海真诚的双人舞和大段的高难度技巧，为这个角色增加了非常多的亮点。在第一届全国舞剧展演中取得了巨大的成功，也为获得国家文华奖，贡献了他的力量。这么多年来，国庆已成为福建舞蹈演员心目中的一个标杆。今天，他依然勤勤恳恳地耕耘在福建舞蹈的这块田地中，为福建的舞蹈事业做着贡献。在这里，我祝他青春常在，舞蹈常青。

　　——谢南（福建省舞蹈家协会名誉主席，国家一级编导，舞剧《丝海箫音》编导）

第四辑　流金岁月

流金岁月

▲ 1972年1月，入伍前在山东烟台的合影（高国庆：二排左一）

▲ 高国庆少年时期留影

▲ 1974年，拍摄《蓝天防线》时留影

▲ 1972年，高国庆与学员队战友合影（高国庆：左）

▲ 在古田演出时与战友合影（高国庆：左）

▲ 高国庆于前锋文工团院前排练

▲ 练功厅训练照

▲ 1974年，学员队结业典礼合影（高国庆：三排右一）

▲ 下连队演出时与战友合影（高国庆：一排左三）

▲ 在江西演出时与战友合影留念（高国庆：右一）

▲ 福州军区政治部文工团学员合影（高国庆：右二）

▲ 高国庆于海岛演出时留影

▲ 1976年1月，跟总政歌舞团、昆明军区政治部文工团还有福州军区政治部文工团三个团一起演出时的谢幕照
（高国庆：二排左四）

▲ 1976年5月，于北京游园演出时留影

▲ 1979年，高国庆于西沙群岛留影

▲ 《水》剧照（高国庆：二排右一）

▲ 《飞夺泸定桥》剧照

▲ 《战友》剧照

▲ 1979年，前锋文工团下江西演出时合影（高国庆：一排右一）

▲ 前锋文工团到川石岛慰问演出时合影（高国庆：三排左三）

▲ 中国人民解放军参加第一届全国舞蹈比赛代表队合影留念（高国庆：四排左一）

▲ 1984年底，前锋文工团解散前在司令部演出最后一场的合影（高国庆：二排左一）

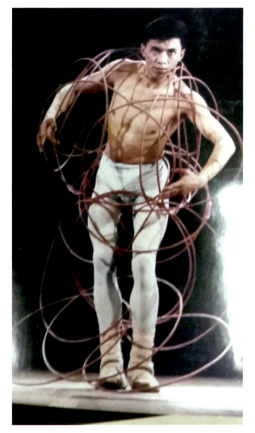

▲ 《圈舞》剧照

▲ 《喜悦》剧照（高国庆：正中）

▲ 高国庆于练功厅留影

▲ 1983年8月，在北京跟现代舞大师学习现代舞（高国庆：三排正中）

▲ 1981年，高国庆于加拿大留影

▲ 1981年，在加拿大演出谢幕合影（高国庆：一排左二）

▲ 1981年，中国舞蹈家协会中国青年舞蹈家演出团于加拿大合影留念（高国庆：二排左七）

▲ 1992年，在北京演出《丝海箫音》时留影

▲ 《丝海箫音》剧照（高国庆：左五）

▲ 1994年，高国庆于日本留影

▲ 1994年10月，"小白鹭"于日本演出结束后合影（高国庆：左二）

▲ 1998年，高国庆于法国巴黎留影

▲ 1998年，高国庆于法国巴黎的合影（高国庆：正中）

▲ 1998年，高国庆于威尼斯留影

▲ 高国庆于漠河中国最北点留影

▲ 2000年5月，高国庆于马来西亚留影

▲ 2000年，"小白鹭"访问马来西亚槟城时留影（高国庆：二排左二）

▲ 2000年，高国庆于莫斯科留影

▲ 2001年，高国庆于俄罗斯留影

▲ 2001年8月，高国庆于金门留影

▲ "小白鹭"于阿里山合影（高国庆：倒二排右二）

▲ 2003年，高国庆于美国夏威夷合影（高国庆：正中）

▲ 2004年，高国庆于德国留影

▲ 2005年，高国庆于夏威夷留影

▲ 2006年，高国庆于新西兰留影

▲ 2010年，高国庆于印度留影（高国庆：正中）

▲ 2011年6月，高国庆于匈牙利留影

▲ 2011年，高国庆于朝鲜留影

▲ 2012年，高国庆于约旦留影

▲ 2012年6月，高国庆与韩国丽水世博会吉祥物雕像合影

▲ 2012年，于欢迎中国民间舞团访韩宴会上合影（高国庆：右三）

▲ 2015年，高国庆于摩洛哥留影

▲ 拍摄舞蹈《春天里》时合影（高国庆：左二）

▲ 在福建省歌舞剧院排练《丝海箫音》时合影（高国庆：二排左三）

▲ 1996年，"小白鹭"演出后合影（高国庆：二排左二）

▲ 1998年，"小白鹭"五周年谢幕时合影（高国庆：一排右二）

▲ "小白鹭"96级男班师生全体合影（高国庆：二排左三）

▲ 2016年，"小白鹭"96级20周年聚会合影（高国庆：二排左二）

▲ 高国庆指导田野艺考教师时合影（高国庆：一排左五）

▲ 高国庆与田野艺考机构教师合影（高国庆：左三）

▲ 2019年，潍坊战友聚会合影（高国庆：左二）

▲ 2019年，潍坊战友聚会合影（高国庆：二排右一）

▲ 1996年，高国庆与广州芭蕾舞团团长张丹丹合影（高国庆：右）

▲ 1998年，《左海春秋》后台合影（高国庆：左）

▲ 高国庆与著名舞蹈家金星合影（高国庆：左）

▲ 2018年，高国庆与著名导演翟俊杰合影（高国庆：右）

▲ 与战友于杭州聚会时合舞（高国庆：上）

▲ 与战友于杭州聚会时合舞（高国庆：右）

▲ 与战友于杭州聚会时合舞（高国庆：左）

▲ 与战友于杭州聚会时合舞（高国庆：左）

▲ 2018年，丝绸古路徒步挑战赛团队合影（高国庆：二排左四）

▲ 2019年10月，于太行山合影（高国庆：左）

▲ 2023年，大龙门空腹禅践行营团队合影（高国庆：一排右一）

▲ 漠河徒步团队合影（高国庆：二排正中）

▲ 2018年，厦门市舞蹈家协会第五届会员代表大会上，高国庆被聘为顾问（高国庆：正中）

▲ 厦门市舞蹈家协会顾问证书

▲ 云霄县青少年舞蹈教育暨舞蹈专业知识讲座合影（高国庆：三排左九）

▲ 2018年11月11日，高国庆于"美丽厦门　金鸡唱响——厦门之夜推介会"舞台留影

▲ 2022年，高国庆担任第五届白鹭杯青少年舞蹈展演评委时合影（高国庆：右六）

▲ 2023年，高国庆担任田野艺考2023届模拟考试评委时合影（高国庆：左三）

▲ 福建省高职舞蹈比赛评审合影（高国庆：左三）

▲ 2023年，高国庆担任第六届《东南舞王》学习剧目教学成果展福州站评委

▲ 2024年，高国庆担任北京"新时代·中国梦"国际赛评委

▲ 2024年，高国庆担任首届刘三姐杯全国文艺交流大赛评委

▲ 高国庆指导学生舞蹈

▲ 高国庆于云南茶马古道留影

第五辑 附录

大事年表

1957年	6月28日（农历六月初一）出生于山东省烟台第二医院，原名高建庆，后改为高国庆。
1964年（7岁）	就读于烟台十字街小学。
1969年（12岁）	就读于烟台解放路小学（现在的养正小学）。
1970年（13岁）	就读于烟台第十中学，参加校宣传队。
1971年（14岁）	报考济南军区前卫文工团。
1972年（15岁）	3月，被福州军区政治部文工团（后来的前锋文工团）选中，光荣入伍；4月，入福州军区政治部文工团学员队。
1973年（16岁）	加入共青团。
1974年（17岁）	1月，毕业到福州军区政治部文工团舞蹈队，成为正式演员队队员。参加歌舞剧《雪山战歌》赴鹰潭慰问测绘大队演出，珠影厂《蓝天防线》拍摄，舞剧《沂蒙颂》排练演出及舞剧《白毛女》片段演出。
1975年（18岁）	开始双人舞蹈《格斗》的排练，同年到连江琯头两栖侦察连体验生活，年底《格斗》创作排演完毕。
1976年（19岁）	1月，《格斗》《炮火下的红领巾》《共同志愿》赴北京参加全国第一届舞蹈调演，《格斗》获得了极大的成功；

5月，参加北京市五一游园演出，在中央电视台完成《格斗》录像。有六省三个部队文工团组织晚会，在北京地区演出近一个月。《格斗》被解放军艺术团选中出访东欧演出节目。

1977年（20岁）　8月，参加全军第四届文艺会演，主演的舞蹈《欢腾的哨所》《朱军长的扁担》获创作奖、表演奖。

1979年（22岁）　排演自卫反击战作品《战友》，同年参加了中央慰问团第七分团赴西沙群岛慰问前线守岛官兵的演出。

1980年（23岁）　参加第一届全国舞蹈比赛，所主演的三人舞《战友》《猎归》获演员二等奖，创作三等奖，音乐创作、服装获二等奖。11月，《猎归》被中国舞蹈家协会中国青年舞蹈家演出团选中，将赴加拿大、美国演出，12月，赴北京集中排练三个月。

1981年（24岁）　2月，中国舞蹈家协会中国青年舞蹈家演出团应邀出访加拿大、美国，演出近50天，演出受到了热烈欢迎。同年，荣立三等功一次，并受到团嘉奖。

1982年（25岁）　8月，应八一电影制片厂邀请，拍摄艺术片《猎归》。

1983年（26岁）　入党。排练完成小舞剧《心灵》《军校之歌》《花儿为什么这样红》《讨小海》等舞蹈作品，并在《心灵》《军校之歌》中担任主要演员。7月，到总政歌舞团学习，后到上海歌剧舞剧院学习，中间在北京参加中国舞协组织的现代舞大师班。

1984年（27岁）	被提拔为舞蹈队副队长，与战友安鲁萍结婚。
1985年（28岁）	前锋文工团跟南京军区合并，在外找工作两年。
1986年（29岁）	应中国人民解放军空军政治部文工团邀请，参加双人舞《和谐》的排练，在全军舞蹈比赛中，所表演剧目获个人表演三等奖。同年，准备调入厦门市歌舞剧团，提前帮助工作。
1987年（30岁）	1月，正式以特殊人才引进的方式进入厦门市歌舞剧团；7月，应菲律宾菲华学社邀请，参加抗战五十周年演出；12月，经历了一年的排练，所排演的独舞《魂》参加了福建省第一届舞蹈比赛，获得个人表演一等奖、创作一等奖。
1989年（32岁）	职称评定为二级演员。为国家领导人表演《圈舞》。
1991年（34岁）	为庆祝厦门特区成立十周年，厦门市歌舞剧团到福建省歌舞剧院联合排演特区十周年晚会。8月，晚会举办。
1992年（35岁）	4月，应邀参加福建省歌舞剧院大型舞剧《丝海箫音》的排练演出，饰男主角阿海；11月，《丝海箫音》参加全国第一届舞剧调演，获得优秀演员奖；12月，《丝海箫音》参加全国舞剧比赛，共获十项大奖，同月赴北京民族文化宫大剧院汇报演出。
1993年（36岁）	5月，获文化部第三届文华奖表演奖，也是厦门地区第一个获此殊荣的演员。《丝海箫音》获"五个一"工程奖。

1994年（37岁）	4月，调入厦门小白鹭民间舞团任业务副团长；8月，被福建省人事局评为国家一级舞蹈演员，也是福建省舞蹈界两个一级演员之一（另一个是省歌的邓宇）；10月，获国务院颁发的政府特殊津贴，赴日本佐世保市、串木野市、宜野湾市访问演出；11月，应香港厦门联谊会邀请，在香港大会堂为其演出。
1995年（38岁）	12月，应菲律宾宿务市政府邀请访问演出。
1998年（41岁）	6月，应国际民间艺术节主席亨利·库尔萨杰邀请，出访西班牙、法国、意大利，参加多个艺术节，历时70天；10月，参加福建省委、省政府举办的大型庆典活动纪念福州建城2200年大型文艺晚会，在大型晚会《左海春秋》中饰演吴楚。
2000年（43岁）	4月，率团参加潍坊国际风筝节；5月，应马来西亚槟州政府邀请，进行访问演出。
2001年（44岁）	7月，受中国人民对外友好协会派遣，以"中俄友好之夜"名义，随厦门小白鹭民间舞团赴莫斯科，舞团荣膺中俄纪念奖章；8月，应台湾金门两岸交流协会李炷烽的邀请赴金门演出。
2004年（47岁）	随团出访保加利亚，参加庆祝中保建交55周年演出。7月，随团赴德国不来梅市参加"中国之夜"演出，及2006年第四届奥林匹克国际合唱节比赛接旗仪式；11月，赴马来西亚参加庆祝中马建交30周年演出。

2005年（48岁）　　应厦门外办及文化局委派，应惠灵顿第六届AHA组委会的邀请，参加新西兰、澳大利亚芭蕾舞比赛评委工作。

2007—2008年　　随厦门小白鹭民间舞团三次赴台公演。
（50—51岁）

2008年（51岁）　　3月，厦门小白鹭民间舞团为迎奥运排演了专题舞蹈晚会《火舞梦圆》，并于8月赴京演出。同年，参加中央电视台专题晚会《百年圆梦——2008年迎奥运文艺晚会》演出。

2009年（52岁）　　随团出访菲律宾，参加国际旅游文化节演出，同年赴澳门演出。

2010年（53岁）　　3月，厦门小白鹭民间舞团第一次公演《舞宴》，受到很高的评价。同年，受文化部委派，厦门小白鹭民间舞团赴印度参加中印建交60周年纪念活动暨印度"中国节"闭幕式演出；9月，厦门小白鹭民间舞团为第十四届"九八"投洽会主创的大型焰火歌舞晚会《五洲欢歌》演出完成，作为晚会总导演受到了市委、市政府的嘉奖。获厦门文艺突出贡献奖。

2011年（54岁）　　4月，受文化部委派，赴朝鲜参加第二十七届"四月之春"（太阳节）国际友谊艺术节演出，获三枚金牌；6月，参加匈牙利布达佩斯第十六届国际多元文化节、多瑙国际民间艺术节演出；12月，厦门小白鹭民间舞团排演的专题舞蹈晚会《跳春》公演。

2012年（55岁）　4月，受文化部委派，参加中国—阿拉伯国家合作论坛2012第二届中国艺术节开幕式演出及中国约旦建交30周年演出；6月，率团出访韩国丽水参加世博会，推介厦门演出，顺访首尔、木浦、釜山；12月，厦门小白鹭民间舞团的大型专题晚会《远航》公演，担任总导演。

2013年（56岁）　6月，率团前往山东临沂参加全国第十届舞蹈比赛，参赛剧目《海上民谣》获创作二等奖；10月，参加文化部第十四届文华奖，《沉沉的厝里情》获优秀剧目奖、编导奖（靳苗苗）、表演奖（吴雨薇）；11月，参加第九届中国舞蹈荷花奖舞剧·舞蹈诗比赛，《沉沉的厝里情》获作品金奖、表演银奖（卓然、傅舜国、吴雨薇）。

2015年（58岁）　受文化部委派率团赴阿尔及利亚、摩洛哥访问演出。5月，调入厦门艺术学校任副校长，分管教学。

2017年（60岁）　1月，提前半年退休；8月，成立田野艺考中心，并担任艺术总监。

2022年（65岁）　12月，入编《中国舞蹈美育家大辞典》。